AF459712

LE CRÉTIN
DE LA MONTAGNE

DRAME EN CINQ ACTES ET HUIT TABLEAUX

PAR

MM. EUGÈNE GRANGÉ ET LAMBERT THIBOUST

Représenté pour la première fois, à Paris, sur le théâtre de la GAITÉ, le 3 juin 1861

PARIS
MICHEL LÉVY FRÈRES, LIBRAIRES-ÉDITEURS
RUE VIVIENNE, 2 BIS

1861

Distribution de la pièce

CLAUDE-MARIE....................	MM.	PAULIN MÉNIER.
ROUSSEL, colporteur.................		MANUEL.
JACQUES CAUSSADE, maître de forge..		LATOUCHE.
PAUL CAUSSADE, son fils...........		SULLY-LÉVY.
PIERRE PUJOL, aubergiste...........		JULIAN.
PLACIDE BAUDRIER, brigadier de gendarmerie........................		LEMAIRE.
SIMON...........................		DERVILLE.
ANDOCHE, garçon d'auberge..........		MALLET.
CASTALOU, guide....................		LEQUIEN.
JOSEPH, domestique.................		HYACINTHE.
UN GUIDE.........................		FÉLIX.
UN PAYSAN........................		EUGÈNE.
UN GENDARME.....................		HENICLE.
UN AVEUGLE......................		GARNIER.
JEANNE PUJOL.....................	Mmes	JULIETTE-CLARENCE.
MADAME DE FLAVIGNEUL..........		GARRIQUE.
NOÉMI...........................		DESMONT.
MARIETTE.........................		ADORCY.

GENDARMES, GUIDES, PAYSANS, OUVRIERS, MARCHANDS ET MARCHANDES, JEUNES FILLES, ENFANTS.

Pour la mise en scène exacte et complète de cet ouvrage, s'adresser à M. RHOZEVIL, régisseur général, et pour la musique, à M. FOSSEY, chef d'orchestre au théâtre de la Gaîté.

LE

CRÉTIN DE LA MONTAGNE

ACTE PREMIER

PREMIER TABLEAU.

Une salle d'auberge. Au fond, une porte donnant sur la montagne; portes latérales; àgauche, une grande cheminée au-dessus de laquelle est accroché un fusil de chasse; tables au premier plan, et au fond, à droite.

—

SCÈNE PREMIÈRE.

BAUDRIER, CASTALOU, ANDOCHE, GENDARMES, GUIDES.

(Au lever du rideau, Placide Beaudrier, d'autres gendarmes et des guides, sont attablés et boivent. — Andoche, à la porte du fond, regarde au dehors.)

TOUT LE MONDE.

Silence! silence donc!

CASTALOU.

Laissez parler le brigadier.

TOUS.

Oui, oui!

BAUDRIER, continuant son récit.

Il pouvait bien être trois heures et demie, quatre heures du matin. Je m'étais embusqué dans la montagne pour guetter ces gueusards de contrebandiers; mais j'étais tout de même loin du glacier. Pour lors, je rencontre Pierre Pujol, qu'était embusqué ben avant moi: « Bougez pas, qu'y me fait, brigadier! — Est-ce que vous guettez ce farceur de Roussel, père Pujol? que j'y fais... — Non, qu'y me fait, je guette un isard... Bougez pas!... le v'là! — Où çà? que j'y fais... — Sur le glacier, qu'y me fait... Il se méfie, l'isard... vous voyez pas ses petites cornes qui pointillent, son petit museau qui fume et qui guette... » Mes enfants, ma parole de brigadier, qu'est mon grade, je voyais pas plus de museau que rien du tout.

CASTALOU.

Avec ça que ce matin il faisait de la brume dans la montagne.

BAUDRIER.

Pardine! les nuages montaient, descendaient... Je voyais à peine le glacier : « Y a pas d'isard, que je fais... — Allons donc!... Tenez, regardez, brigadier. » Le v'là qui épaule son fusil, qui ajuste et qui tire : « Ça y est, que me dit Pierre Pujol ; allons querir la bête. — Trois bouteilles de jurançon qu'il n'y a rien, que je fais?.. — Ça va ! » Nous enjambons, nous marchons plus d'une heure. On ne va pas vite dans le glacier, moi surtout qu'avais mes bottes... Enfin, nous arrivons... Mes enfants, l'isard était étendu mort, près de la crevasse.

TOUS.

Ah!

BAUDRIER.

C'est cet isard-là que vous allez manger tout à l'heure... et je dis que le roi des chasseurs, c'est le maître de poste de Reidac, c'est Pierre Pujol... (Montrant le fusil accroché au-dessus de la cheminée.) Et que ce fusil-là n'a jamais perdu sa poudre.

CASTALOU.

Je crois ben!

TOUT LE MONDE.

A la santé de Pierre Pujol! (On entend au dehors des rires et des huées.)

BAUDRIER.

Qu'est-ce que c'est que ça?:..

ANDOCHE, riant et se tenant les côtes.

Ah ! ah! ah! qu'elle est bonne !... Ah! la bonne niche!

BAUDRIER.

Qu'est-ce donc?

ANDOCHE, riant toujours.

Ah! ah! ah! je peux dire que je m'amuse!

BAUDRIER.

Parleras-tu, imbécile?

ANDOCHE.

Je vas parler, imbécile... C'est Claude-Marie, l'idiot... celui qu'on appelle dans le pays l'amoureux de la belle Jeanne... Il mangeait sa miche de pain comme toujours, assis sur la berge... V'là que les enfants du pays l'ont poussé par derrière... V'lan!... il est tombé dans le Gave... Il va passer sous la roue du moulin... hi! hi! hi! V'là ce que j'appelle une bonne niche! (On rit.)

BAUDRIER.

Du moment qu'il n'y a que ça!...

ANDOCHE.

V'là un idiot qu'est bête... J'ai vu ben des idiots dans ma vie...

BAUDRIER.

Oui... toi, d'abord... (On rit.)

ANDOCHE.

Moi, d'abord... Eh ben, c't idiot est le plus crétin de tous. Il aura passé sous le moulin, allez!... Ils sont si bêtes, ces idiots!

BAUDRIER.

Allons, Andoche, deux bouteilles!

ANDOCHE.

Voilà, voilà!

CASTALOU.

Bah! apportes-en trois... pour trinquer avec le brigadier.

SCÈNE II.

LES MÊMES, ROUSSEL.

ROUSSEL, paraissant.

Apportes-en cinq... pour trinquer avec le brigadier.

TOUS.

Roussel!... (Roussel a son béret sur l'oreille, son ballot sur le dos et un bâton à la main.)

ROUSSEL.

Oui, Roussel le colporteur; Roussel le Prohibé, comme on dit. Bonjour, les amis, ça va bien? Moi, pas mal, merci!... Ah! qu'il fait soif! (Il s'essuie le front du revers de la main.)

BAUDRIER.

Roussel à Reidac! (A part.) J'étais ben sûr qu'il était dans le pays!... (Haut.) Tes ballots sont-ils visités, au moins?

ROUSSEL.

La douane a tout vérifié... je suis en règle! Moi, faire de la contrebande?... Ah! brigadier, brigadier! (Feignant de pleurer.) Vous me faites de la peine!

BAUDRIER.

Avec ça que tu te gênes!... Tu traverses bien souvent le pont d'Espagne, mon gars!

ROUSSEL.

J'aime l'Espagne! Oh! l'Espagne, brigadier! Aimez-vous l'Espagne, vous? (Buvant.) A votre santé!

BAUDRIER.

Je n'y suis jamais été...

ROUSSEL.

Les femmes!... des pieds... grands comme ça... (Il montre le bout de son doigt.) Et des yeux!... comme ça! (Il montre ses bras.)

BAUDRIER, le prenant par l'oreille.

Et du bon tabac de contrebande, hein, mon gaillard?

ROUSSEL.

Encore? Mais je ne suis plus contrebandier... Je l'ai été...

un peu... dans ma jeunesse... comme tout le monde. Voyons, vous-même, brigadier, est-ce que?...

BAUDRIER.

Hein?

ROUSSEL.

Ah! le beau métier, le beau métier! Partir le cœur léger, la tête libre, le pied leste, la pipe à la bouche, l'espérance au cœur, en plein jour, en plein soleil; passer carrément sur la grande route, devant la douane, le sac vide... et revenir le sac plein; mais par les chemins de traverse... revenir, la nuit, le cœur ému, l'oreille tendue, l'œil au guet... car le danger est là! Ne fume pas!... la fumée te trahirait... Ne chante pas! il y a des échos dans la montagne, et ta chanson te perdrait... Étouffe les battements de ton cœur, on les entendrait; méfie-toi de la lune... elle envoie ton ombre aux douaniers qui veillent!... Marche pourtant, bohémien, marche toujours! C'est le danger, oui, mais c'est l'émotion, c'est la fièvre, c'est la vie!... Tu es seul dans la nuit, mais la nature et les étoiles sont à toi. Le contrebandier, c'est le roi du monde! A votre santé, brigadier!

BAUDRIER.

Ah çà! dis donc, toi, Prohibé!

ROUSSEL.

Du vin!

ANDOCHE, servant d'autres bouteilles.

Voilà, monsieur Roussel!...

ROUSSEL.

Eh bien! et les nouvelles du pays?... Voyons! Et votre cousine Mariette, quand l'épousez-vous? Ça tient toujours, les amours?

BAUDRIER.

Toujours.

ROUSSEL.

Vous êtes si bel homme!... Vous mène-t-elle toujours par le bout du nez, mon brigadier?

BAUDRIER, se redressant.

Moi?... Une petite fille?

ROUSSEL.

Oh! les petites filles... elles ont le bras long, allez!... Et Pierre Pujol, comment va-t-il?

BAUDRIER.

Il fait cuire un gigot d'isard.

ROUSSEL, avec émotion.

Et... et sa fille, mademoiselle Jeanne?...

TOUS, en riant.

Ah! allons donc!...

BAUDRIER.

Ah! tu en tiens à ton tour... Tu vois bien que l'amour est

un dieu qui pince le civil comme la gendarmerie départementale.

ROUSSEL.

Mais je ne dis pas non ! Je ne me cache pas pour être amoureux... J'ai un cœur, tant pis!... faut que j'en subisse les conséquences... Mademoiselle Jeanne... Oh !..

CASTALOU.

Mais elle ne t'aime pas!

ROUSSEL.

C'est possible... Mais enfin... quand on aime... de là... (Il montre son cœur.) est-ce qu'on désespère jamais d'être aimé ?... Si je devenais riche! Qui sait? Les femmes... même les bonnes ! ça aime les colifichets, les chiffons, les rubans de Paris. J'aurai de l'argent, voyez-vous! pour être digne d'elle !...

BAUDRIER.

Le fait est que c'est une brave et jolie fille !

ROUSSEL.

Dites donc un ange !... (On entend le carillon des cloches.) Tiens ! les cloches!... Pourquoi ça? (Se levant.)

TOUS, riant.

Pourquoi ça ? Il est bon !

BAUDRIER.

Parce que c'est aujourd'hui la fête du pays...

ROUSSEL.

Ah bah ! C'est la fête de Reidac ?.. C'est vrai!... Vous voilà tous beaux et reluisants comme des soleils!

BAUDRIER.

Les jeunesses vont un peu danser ce soir... Tu en seras ?...

ROUSSEL.

Ah! caramba!... faut que je reparte à la tombée du jour... Un voyage de six semaines... rien que ça ! C'est égal, sonnez, cloches du pays !... C'est un de vos enfants qui vient respirer une heure l'air de la montagne! (Élevant son verre.) A la santé de mon village!...

TOUS, élevant leurs verres.

A la fête de Reidac !

SCÈNE III.

LES MÊMES, MARIETTE et D'AUTRES JEUNES FILLES. Elles portent le costume des montagnardes, la jupe rayée blanc et noir, la capuche rouge.

MARIETTE, à Baudrier.

Eh bien ! qu'est-ce que je vois ? Vous buvez? Je vous l'ai défendu.

BAUDRIER.

Mais...

MARIETTE.

Taisez-vous, Placide... et posez votre verre ! Qu'est-ce que c'est donc que ce genre-là ? (Baudrier obéit.)

ROUSSEL, à lui-même.

Que les femmes sont heureuses ! Elles n'ont pas peur des gendarmes!

MARIETTE, voyant Roussel.

Tiens! le Prohibé! Est-ce que vous venez ici pour mon mariage? Car j'épouse M. Placide dans deux mois.

BAUDRIER, gravement.

Placide, c'est moi!

ROUSSEL.

Petite ambitieuse, allez!... Vous voulez donc être brigadière?...

MARIETTE.

Qu'est-ce que vous voulez! J'ai dix-huit ans... faut bien faire une fin!...

ROUSSEL.

Et garderez-vous votre place à la forge de M. Caussade?

MARIETTE, faisant la moue.

Ma place de pointeuse? Merci bien... Être occupée dès six heures du matin à pointer des journées d'ouvriers... et tout ça pour gagner dix écus par mois?...Oh! pas si niaise! D'ailleurs, quand je serai mariée, j'aurai à m'occuper de mon mari, de mes enfants...

BAUDRIER, avec amour.

Oh!

MARIETTE, lui donnant une petite tape sur les mains.

Eh ben ! Placide, taisez-vous ! D'ailleurs, voici mademoiselle Jeanne !

ROUSSEL, à part, avec émotion.

Jeanne!

SCÈNE IV.

LES MÊMES, JEANNE, vêtue comme les autres, un livre d'heures à la main. — Les buveurs se lèvent à l'entrée de Jeanne.

TOUT LE MONDE.

Bonjour, mademoiselle Jeanne!

JEANNE.

Bonjour, mes amis !... Monsieur Roussel !...

ROUSSEL.

Elle m'a vu... (Il salue gauchement.)

JEANNE.

Voilà bien longtemps qu'on ne vous a aperçu dans le pays!... Avez-vous fait un voyage heureux ?

ROUSSEL.

Mon Dieu, mademoiselle... d'un côté... vous savez... parce que... (A part, pendant que Jeanne remonte un peu.) Caramba ! est-ce que j'ai laissé mon esprit en Espagne?

MARIETTE, bas à Roussel.

Du courage donc ! Allez, allez !...

ROUSSEL, avec émotion.

Eh bien, mademoiselle Jeanne, avez-vous réfléchi un peu ?... Je suis un bon garçon... je travaille dur... et je mérite bien qu'on ait un peu d'amitié pour moi... Voyons, Jeanne, je vous le demande encore... Voulez-vous être ma femme?

JEANNE, avec embarras.

Mon Dieu, monsieur Roussel... me marier... mon père a besoin de moi... (Vivement.) Puis-je me séparer de lui après tous les malheurs qui viennent de nous assaillir... et dont nous ne sommes pas encore sortis ?...

ROUSSEL.

Comment !

JEANNE.

Je veux parler de cette épidémie qui dernièrement régnait sur les chevaux... Il a fallu les remplacer pour continuer le service de la poste... M. Simon nous a prêté une grosse somme d'argent.

ROUSSEL.

Ah! ah! le père Simon?

JEANNE, vivement.

Oh! nous nous acquitterons bientôt... Mais, me marier... c'est impossible maintenant...

ROUSSEL, achevant la pensée de Jeanne.

Et toujours?... Ah! oui... parce que vous me méprisez, pas vrai? Parce qu'on m'appelle le Prohibé?...

MARIETTE, riant.

Elle trouve que votre amour est un peu comme vos marchandises... de contrebande.

JEANNE, avec douceur.

Ce n'est pas cela, mais...

ROUSSEL.

Allons, ayez donc le courage de tout me dire... Vous ne m'aimez pas, parce que vous en aimez un autre.

JEANNE, troublée.

Moi?

ROUSSEL.

M. Paul Caussade... le fils du riche maître de forge... M. Paul Caussade, qui s'est engagé voilà tantôt deux ans... pour aller faire la guerre en Afrique... et dont vous attendez le retour.

JEANNE, émue.

Son retour!...

ROUSSEL.

Ah! vous voyez bien... vous rougissez!... Vous voilà toute tremblante!... C'est lui que vous aimez?

PUJOL, en dehors.

Jeanne! Jeanne!

JEANNE.

Mon père!

SCÈNE V.

LES MÊMES, PUJOL, puis MADAME DE FLAVIGNEUL et NOÉMI.

PUJOL, avec joie.

Alerte, Jeanne! Voici madame de Flavigneul et sa nièce!

JEANNE.

Mademoiselle Noémi!

PUJOL.

Elles se dirigent vers notre auberge... Vite, des siéges!... Je me doutais qu'en sortant de l'église elles viendraient nous voir. Je t'avais dit de faire un bouquet... (Madame de Flavigneul et Noémi paraissent au fond.)

NOÉMI.

Appuyez-vous sur moi, chère tante!...

MADAME DE FLAVIGNEUL.

Merci, chère enfant!... je me sens mieux...

JEANNE.

Ah! mon Dieu! madame, vous êtes souffrante, indisposée?

MADAME DE FLAVIGNEUL.

Un peu!... (On la fait asseoir.) Ce ne sera rien... rassurez-vous!

MARIETTE, à Baudrier.

Allons, Placide, menez-moi à la fête!

BAUDRIER.

Mon devoir m'y appelle. (Aux autres gendarmes.) Allons, les enfants, en route!

TOUS.

A la fête!

ROUSSEL, à part.

La fête!... Ils vont danser, les brigands!... Ah! j'ai envie de mettre le feu au village...

BAUDRIER.

Viens-tu, Prohibé?

ROUSSEL, d'un ton brusque.

On y va!...

TOUS.

Partons!... (Ils sortent par le fond.)

SCÈNE VI.

PUJOL, NOÉMI, JEANNE, MADAME DE FLAVIGNEUL.

MADAME DE FLAVIGNEUL, que l'on entoure.

Ce n'était rien, mes amis... une émotion dont je n'ai pas été maîtresse...

NOÉMI.

Vous avez voulu venir à l'église, ma tante, entendre l'office du soir... et il a bien fallu...

MADAME DE FLAVIGNEUL.

Oui... il a fallu traverser ce fatal endroit de la montagne... qui me rappelle tant de cruels souvenirs!... (Regardant Noémi avec tendresse.) Oh! mais, tu me restes, toi, chère fille! On ne te ravira pas à ma tendresse!

NOÉMI.

Chère tante!

JEANNE ET PUJOL.

Madame!...

MADAME DE FLAVIGNEUL.

Pardonnez-moi, mes amis... je vous afflige... mais je veux tâcher d'être forte... Je m'efforcerai d'oublier.. Eh bien, Pujol, êtes-vous plus heureux?

PUJOL.

Oui, madame, les affaires reprennent, j'ai bon espoir!... (Regardant Jeanne.) D'ailleurs, n'ai-je pas une sainte près de moi?

MADAME DE FLAVIGNEUL.

Oui... votre Jeanne, n'est-ce pas?... (A Jeanne.) Le dévouement porte bonheur, mon enfant.

JEANNE.

Quand on a un père comme le mien, madame, le devoir est si facile!

NOÉMI, à Jeanne.

Oh! nous avons tout appris au château, et je t'en aime plus encore, si c'est possible... Seulement, vous êtes deux méchants de n'avoir pas pensé à nous dans votre malheur... J'ai des économies... n'est-ce pas, ma tante? D'abord, je ne suis plus coquette... je ne commande plus de robes... aussi, je suis riche et ma bourse est la tienne, Jeanne. (Elle lui tend la main.) Ne l'oublie pas!

JEANNE.

Merci, mademoiselle!... mais Dieu a eu pitié de nous... les mauvais jours sont passés, je l'espère!... et, grâce au ciel, nous n'avons plus besoin de rien!... (On entend au dehors le bruit d'une diligence.)

SCÈNE VII.

LES MÊMES, ANDOCHE.

ANDOCHE, accourant.

Patron! patron! v'là la voiture de Tarbes qui arrive pour relayer.

PUJOL.

C'est bon, j'y vais!... Vous permettez, madame la comtesse? (Il sort vivement.)

MADAME DE FLAVIGNEUL, se levant.

Et nous, partons, Noémi, si nous voulons être de retour au château avant la nuit.

NOÉMI.

Je suis prête, ma tante, et, quand vous voudrez...

ANDOCHE, bas, à Jeanne.

Ah! mam'selle, si vous saviez!... Je l'ai bien reconnu... il est sur l'impériale...

JEANNE.

Qui donc?

ANDOCHE.

M. Paul.

JEANNE, avec joie.

Paul!

SCÈNE VIII.

LES MÊMES, PIERRE PUJOL et PAUL, en costume de chasseur d'Afrique. Il porte la mouche, la moustache; il a la croix de la Légion d'honneur.

PUJOL, lui serrant les mains.

Victoire! c'est lui! il nous revient!

PAUL.

Ce brave Pujol!... Jeanne!... (Saluant madame de Flavigneul et Noémi.) Mesdames!...

MADAME DE FLAVIGNEUL.

Adieu, Pujol!...

PUJOL.

Madame la comtesse!...

NOÉMI.

Jeanne, viens nous voir... ou je ne t'aimerai plus, d'abord.

JEANNE.

Oh! j'irai, mademoiselle Noémi... je vous le promets! (Noémi sort avec madame de Flavigneul.)

SCÈNE IX.

PAUL, PUJOL, JEANNE.

PAUL.

Enfin, je vous revois, mes chers amis!... Deux années d'Afrique, que c'est long!

PUJOL.

Eh! vous n'avez pas trop mal employé votre temps, à ce qu'il paraît?

PAUL, gaiement.

Oui... mon vieux compagnon... Décoré et nommé sous-lieutenant sur le champ de bataille!... rien que cela!... Mais, enfin, me voilà en France, et prêt à recommencer nos belles chasses d'autrefois!... (Montrant le fusil.) Ton fusil est toujours bon?

PUJOL, riant aussi.

Toujours!... Nous ne vieillissons ni l'un ni l'autre...

ANDOCHE, entrant.

Patron!... patron!...

PUJOL.

Quoi encore?

ANDOCHE.

Ah! elle est bien drôle!... V'là l'isard qui brûle à la cuisine!

PUJOL.

Imbécile! Et tu me dis ça tranquillement?... Le souper des guides! Vous permettez, monsieur Paul?

PAUL.

A ton aise!

PUJOL, bousculant Andoche.

Mais va donc, animal! (Ils sortent en se disputant.)

SCÈNE X.

PAUL, JEANNE, puis JACQUES CAUSSADE.

PAUL.

Ma chère Jeanne... c'est vous... vous dont j'ai emporté le souvenir... vous, ma compagne d'enfance!

JEANNE.

Monsieur Paul, il faut renoncer à nos rêves. Je suis pauvre, votre père est riche.

PAUL, gaiement.

Eh bien, tant mieux pour lui!... mais sa fortune ne me regarde pas... qu'il la garde!... Simple sous-lieutenant, au

2e chasseurs, voilà ma position sociale... Ne me refusez pas, Jeanne, ou c'est moi qui vais vous croire ambitieuse.

JEANNE, avec joie.

Vous m'aimez donc toujours?...

PAUL.

Jeanne, vous rappelez-vous nos courses dans la montagne, quand nous étions enfants?... Eh bien, tout à l'heure, pendant que la voiture gravissait la montée de Reidac, et que, nous autres voyageurs, nous allions à pied, j'ai revu les touffes de bruyère où, enfant, je vous cueillais des bouquets. Alors, il m'a semblé que le temps n'avait pas marché, et, comme autrefois, je me suis penché et j'ai cueilli la bruyère. N'est-ce pas, Jeanne, que rien n'est changé, que notre amour est le même, et que vous ne refuserez pas les pauvres fleurs que nous aimions?...(Il tire de sa poitrine un petit bouquet de bruyère, et le tend à Jeanne.)

JEANNE, émue.

Il n'a rien oublié!

PAUL.

Et vous, Jeanne, m'aimez-vous comme par le passé?

JEANNE, lui montrant l'anneau qui est à son doigt.

Tenez!...

PAUL, avec joie.

Mon anneau!... Celui que je vous ai donné en partant!... Vous l'avez encore?... (Avec amour.) Ah! Jeanne! chère Jeanne! (Il va lui baiser la main. Jacques Caussade paraît sur le seuil de la porte, au fond; tous deux se séparent vivement.)

PAUL, à part.

Mon père!

JEANNE, à part.

M. Caussade! Oh! mon Dieu!... (Elle salue et rentre à gauche, en regardant Caussade avec crainte. — Moment de silence.)

SCÈNE XI.

JACQUES CAUSSADE, PAUL.

PAUL, tendant la main à Caussade.

Mon père!...

CAUSSADE, l'arrêtant d'un geste, et après un moment de silence.

Ainsi, monsieur, à votre retour d'Afrique, après deux années d'absence, votre première visite est pour cette auberge? Il est vraiment heureux que mes affaires m'aient amené dans ce village, sans quoi j'étais le dernier à apprendre votre arrivée.

PAUL.

Mon père!...

CAUSSADE.

Vous aimez toujours cette fille?

PAUL.

Oui, mon père.

CAUSSADE, avec ironie.

A merveille! Vous êtes d'une fidélité vraiment chevaleresque; mais il est de mon devoir de m'opposer à vos folies... je ne veux pas que vous perdiez votre avenir dans un amour indigne de vous.

PAUL.

Mais, mon père, Jeanne Pujol est une honnête fille, et mon bonheur, mon devoir...

CAUSSADE.

Votre devoir est de m'obéir!... D'ailleurs, j'ai d'autres vues sur vous... que cela vous suffise...

PAUL.

Mon père, bien que je n'aie pas trouvé dans votre cœur la tendresse que je rêvais et qui m'eût rendu si heureux, vous savez que j'ai toujours eu pour vous respect et obéissance; je ne vous ai jamais demandé compte de ma fortune... mais laissez-moi maître de mes affections, laissez-moi disposer de mon cœur. (Simon paraît au fond et écoute.)

CAUSSADE.

Ah! les grands mots! les grandes passions!

PAUL.

Non, mon père, mais une affection sincère, d'où dépend le bonheur de ma vie...

CAUSSADE.

J'y mettrai bon ordre.

PAUL.

Cependant...

CAUSSADE, qui aperçoit Simon.

Il suffit... Allez m'attendre à la forge!... J'ai quelques affaires à terminer dans les environs, et je ne serai de retour que ce soir. Plus tard, nous reprendrons cet entretien et nous aurons une dernière explication à ce sujet. Allez!

PAUL, à part, avec émotion.

Voilà deux ans qu'il ne m'a vu... et il ne m'a pas même tendu la main! (Il sort.)

SCÈNE XII.

CAUSSADE, SIMON.

SIMON s'avance, et salue Caussade très-humblement.

Salut... monsieur Caussade!...

CAUSSADE.

Ah! c'est vous, maître Simon?

SIMON.

Il paraît que vous n'êtes pas plus d'accord avec votre fils à présent que par le passé, monsieur Caussade ?

CAUSSADE, sèchement.

C'est vrai.

SIMON.

Vous devriez pourtant l'aimer, ce garçon-là... car enfin... c'est à lui que vous devez d'être ce que vous êtes. S'il ne s'était trouvé là, il y a vingt-deux ans, à la mort de votre défunte... la dot retournait à la famille... et vous n'aviez rien... Vous redeveniez un simple ouvrier forgeron, au lieu d'être le riche maître de forge.

CAUSSADE.

Je sais cela... Parlons... de ce qui vous intéresse...

SIMON.

Vous avez reçu ma lettre ?

CAUSSADE.

Oui... (D'une voix profonde.) Oui !...

SIMON.

Et... quelle réponse avez-vous à me faire ?

CAUSSADE.

D'ici à demain, vous la connaîtrez.

SIMON.

D'ici à demain ?... Mais...

CAUSSADE.

Silence !... Voici quelqu'un ! (Appelant.) Holà ! garçon !

SCÈNE XIII.

LES MÊMES, ROUSSEL, puis ANDOCHE.

ROUSSEL, entrant, à part.

Les brigands ! ils vont danser !

ANDOCHE, accourant.

Voilà !...

CAUSSADE.

A-t-on pris soin de mon cheval ?

ANDOCHE.

Oh ! il est à l'écurie qui grignote son picotin.

CAUSSADE.

C'est bien ! (Fausse sortie.)

SIMON.

Ainsi, v'là qu'est bien convenu, monsieur Caussade, j'aurai votre réponse d'ici à demain, pas plus tard ?

CAUSSADE.

Oui. (A part.) Décidément les exigences de cet homme deviennent intolérables. (Il sort.)

SCÈNE XIV.

ROUSSEL, SIMON.

SIMON, se frottant les mains.

Bon, bon !... Tu vas bien, Roussel?

ROUSSEL.

Ah! c'est vous, père Simon?

SIMON.

Tu as l'air tout triste... Des chagrins d'amour... pas vrai ? Eh, eh, eh !... ça passe... Moque-toi de ça, mon gars...

ROUSSEL.

Si vous croyez que c'est facile, vous !

SIMON.

Viens me voir... je te donnerai des conseils... J'étais l'ami de ton père... D'ailleurs, tu es un bon enfant... Chaque fois que tu reviens d'Espagne, tu me rapportes un petit cadeau... Ça entretient l'amitié.

ROUSSEL.

Votre provision de tabac, pas vrai?... Tenez, j'en ai là un paquet pour vous. (Il se met à défaire son ballot.) C'était dans mes archives secrètes... Un double fond, quoi !... Les douaniers n'entrent pas !

SIMON, prenant le tabac.

Merci, mon garçon. (Fausse sortie.) Tiens, Prohibé, je veux faire quelque chose pour toi...

ROUSSEL.

Quoi donc, père Simon ?

SIMON.

Je veux te faire un cadeau, après moi...

ROUSSEL.

Ah ! bon, j'ai le temps d'attendre, alors... Vous avez encore bon pied bon œil... Vous devez avoir la vie dure, vous?

SIMON.

Hum ! Je me fais vieux... On ne sait ni qui vit... ni qui meurt.

ROUSSEL.

Bah ! vous vivrez cent ans...

SIMON, riant.

Je ne demande pas mieux... Mais enfin, si un jour tu apprends que Simon a passé l'arme à gauche, comme disent messieurs les douaniers...

ROUSSEL.

Mes ennemis intimes !

SIMON, baissant la voix.

Eh bien... va dans ma petite maison de la montagne.

ROUSSEL.

Oui... au Pic-d'Enfer... Connu!

SIMON.

Entre dans le jardin... et au pied du vieux sapin... Tu connais le vieux sapin?..

ROUSSEL.

Le vieux sapin creux, sous lequel nous avons si souvent fumé notre pipe ensemble?... Pardieu!

SIMON.

Eh bien! au pied du vieux sapin, en fouillant un peu la terre, tu trouveras quelque chose qui pourra t'être utile...

ROUSSEL, vivement.

Quelque chose?

SIMON.

Oh! calme-toi!... ça n'est pas de l'argent...

ROUSSEL.

Tant pis!

SIMON.

Et, d'ailleurs, ça ne peut te servir qu'après ma mort...

ROUSSEL.

C'est bien... c'est convenu, père Simon; je ne l'oublierai pas... (Gaiement.) Et maintenant... que j'hérite... vous savez... si l'existence vous ennuie, ne vous gênez pas!

SIMON, gaiement.

Ah! le plus tard possible, mon gars, le plus tard possible!... (Il sort à gauche. — Les paysans, les paysannes et Mariette rentrent par le fond.)

SCÈNE XV.

LES MÊMES, BAUDRIER, MARIETTE, LES PAYSANS, puis SIMON et PIERRE PUJOL, ensuite JEANNE.

ROUSSEL.

En attendant, si je faisais un peu de commerce. (Élevant la voix.) Habitants et habitantes de Reidac, demandez les nouveaux articles! Demandez!... Jolis couteaux, ciseaux, aiguilles, dés à coudre... étoffes de soie, de laine... bas de coton... almanachs garantis un an... collerettes et fichus pour les demoiselles! Demandez... faites-vous servir!

LES PAYSANNES.

Voyons! voyons! (On l'entoure. — Pendant ce qui précède, Pujol est entre causant bas avec Simon.)

SIMON, élevant la voix.

Enfin, quoi! ce qui est dû est dû!...

PUJOL, de même.

Et qui songe à vous nier ça?

SIMON.

Alors, pourquoi ne payez-vous pas, puisque le billet est échu depuis huit jours?... J'ai besoin de mon argent, moi! (On écoute.)

PUJOL.

Donnez-moi quelques jours encore!

SIMON.

Toujours la même chanson!... Quand on signe un billet, on fait honneur à sa signature... autrement, on n'est pas un honnête homme!...

PUJOL.

Hein?...

SIMON, appuyant.

On n'est pas un honnête homme!...

PUJOL, avec colère.

Tu m'insultes chez moi? Ah! vieux coquin! (Il le prend au collet.)

TOUS, s'interposant.

Eh bien! eh bien!

ROUSSEL.

Voyons, Pujol, du calme!

SIMON, d'un ton menaçant.

Ah! c'est comme ça que l'on me paye?... Eh bien, ce soir même, Pierre Pujol, on aura de mes nouvelles à l'auberge!.. on aura de mes nouvelles!... (Il sort furieux.)

JEANNE, entrant.

Une querelle? Qu'est-ce donc, mon père?

PUJOL.

Rien, mon enfant, rien! (Au dehors on entend de nouveaux éclats de rire et des huées.)

ANDOCHE, entrant.

Ah! qu'elle est bonne! Hi! hi! hi! (Il rit en se tenant les côtes.)

TOUS.

Quoi donc?

ANDOCHE.

Une nouvelle niche que nous faisons à Claude-Marie l'idiot... Vous allez rire.... Tenez, le v'là! le v'là!

SCÈNE XVI.

LES MÊMES, CLAUDE-MARIE.

(Claude-Marie entre escorté d'enfants qui le tirent et le poussent. Il est vêtu misérablement. Un sac de toile, retenu au cou par des ficelles, pend sur sa poitrine. Il a un gros bouquet à la main, et son vieux chapeau est couvert de fleurs. Il se laisse entraîner par les enfants, et sa lèvre garde le sourire de l'idiotisme.)

TOUS.

Ohé! Claude-Marie, ohé!

ANDOCHE.

Allons, l'amoureux de la belle Jeanne, la v'là qui t'attend, tu vois bien... Voyons, fais ta demande.

CLAUDE-MARIE.

Ma demande?

TOUS.

Oui, oui!... Va donc! va donc!

CLAUDE-MARIE, à Jeanne.

Mam'selle, quand que je vous épouse?

TOUS, éclatant de rire.

Ah! ah!

ANDOCHE.

Faut la séduire, ton amoureuse... Voyons, danse, Claude-Marie!

UN ENFANT.

Oui... la danse de l'ours!... Va donc!... (Il lui frappe les jambes avec un petit fouet.)

CLAUDE-MARIE.

Je vas danser!... je vas danser!... (Il danse lourdement.)

ANDOCHE.

Et chante ta chanson...

TOUS.

Oui... ta chanson, Claude!

CLAUDE-MARIE, obéissant passivement.

Je vas chanter... pour qu'elle m'épouse!...

TOUS.

C'est ça! c'est ça!

CLAUDE-MARIE, chantant.

Ahou! quelles belles filles
Chez nous on peut voir,
Avec leurs capuches rouges,
Qui vont au lavoir!...

TOUS.

Bravo!...

CLAUDE-MARIE, poursuivant son idée fixe, à Jeanne.

Mam'selle, quand que je vous épouse?

ANDOCHE, à Castalou.

Il y tient! Est-il bête, ce crétin-là, est-il bête!

BAUDRIER, sentencieusement.

Absence complète de jugeotte!

ROUSSEL, à part.

Pauvre garçon, lui aussi... il l'aime! (L'enfant s'approche de de en levant son fouet.

CLAUDE, quand l'enfant est près de lui.

Aouah! aouah! (L'enfant se sauve.) Il m'a pas battu! il m'a pas battu! Eh! eh! eh!

MARIETTE.

Est-ce drôle! il ne fait jamais de mal aux enfants!

JEANNE.

Pauvre Claude!... il ne fait de mal à personne!... Il est si bon!...

ANDOCHE.

Oui... mais pas quand on a l'air de vous faire la cour, mam'selle...

JEANNE.

Allons donc! vous êtes fou, Andoche!...

ANDOCHE.

Fou? Eh ben, vous allez voir... Tenez-le bien, vous autres et ne le lâchez pas! (On tient Claude-Marie qui sourit toujours et n'oppose aucune résistance. Andoche s'approche de Jeanne, en mettant la main sur son cœur.)

ANDOCHE, avec son soupir.

Ah! mam'selle, je vous aime! (Claude-Marie se débarrasse vivement des mains qui le retiennent, s'élance et repousse Andoche.) Oh!... Sapristi! Vous ne le retenez pas, aussi!... (On rit.)

CLAUDE-MARIE.

Je veux pas!... je veux pas!...

JEANNE.

Écoute-moi, Claude-Marie, écoute-moi bien!...

CLAUDE-MARIE, s'apaisant aussitôt et la couvant du regard.

Oui!... oui!... bien!... bien!... (Il semble s'appliquer à la comprendre.)

JEANNE.

Je suis mécontente de toi, Claude-Marie... Tu es fort, tu pourrais travailler aux champs... Au lieu de cela, tu mendies, tu vis de charités... tu tends la main... (Ici un aveugle paraît au fond, conduit par un jeune enfant.)

L'AVEUGLE.

La charité, mes bonnes âmes! la charité, s'il vous plaît!

CLAUDE-MARIE.

Bé!... (Il lui montre l'aveugle qui tend la main aussi.)

JEANNE.

Oui... mais il est vieux... il est aveugle... il ne peut plus travailler... lui... et le devoir de chacun est de lui donner...

CLAUDE-MARIE.

Oui... devoir... donner... oui... oui... (Il va lentement à l'aveugle et lui donne son morceau de pain, tout en regardant Jeanne.)

JEANNE.

Bien, Claude! bien!

MARIETTE.

C'est étrange! quand vous lui parlez, on jurerait qu'il comprend.

CLAUDE-MARIE.

Mam'selle... bouquets... coquelicots... pour vous épouser... Quand que je vous épouse?

BAUDRIER.

Il n'en démordra pas!

JEANNE, d'un ton de reproche, mais avec douceur.

M'épouser?... Ah! un joli mari que j'aurais là, ma foi!... Un paresseux, un ignorant!

CLAUDE-MARIE.

Quand que j' vous épouse, mam'selle?

JEANNE.

Quand?... (Souriant.) Eh ben, quand tu sauras lire et compter.

CLAUDE-MARIE, répétant machinalement.

Lire et compter?...

JEANNE.

Oui...

CLAUDE-MARIE.

Lire et compter?...

JEANNE, lui montrant son livre d'heures.

Tiens... voici un livre...

CLAUDE-MARIE.

Papier!...

JEANNE.

Oui... du papier... pour lire...

CLAUDE-MARIE.

Lire... et compter!...

JEANNE.

Sans doute!... Eh bien, quand tu sauras lire et compter, je t'aimerai, Claude, et je t'épouserai!...

CLAUDE-MARIE.

Ah! ah! (Se frappant le front.) Lire et compter! Tra, la, la. (Il va à l'enfant qui voulait le battre, le soulève et l'embrasse.) Il m'a pas battu!... (Revenant à son idée.) Lire et compter! lire et compter!.. lire... et compter!... (Il sort en courant.)

LES ENFANTS.

Ohé! Claude-Marie, Ohé! (Ils courent après lui, et tous les paysans et paysannes sortent derrière eux.)

ANDOCHE, riant.

Ah ben, par exemple! si jamais celui-là apprend à lire...

SCÈNE XVII.

JEANNE, ROUSSEL, PUJOL, CAUSSADE, qui sont entrés vers la fin de la scène précédente, GUIDES, attablés au fond.

CAUSSADE.

Quel est ce malheureux?

PUJOL.

Comment, monsieur Caussade, vous qui êtes du pays, vous ne connaissez pas le crétin de la montagne?...

CAUSSADE.

Non. (Jeanne s'assied à gauche et travaille.)

PUJOL.

C'est Claude-Marie, le fils à Madeleine Verbier... Madeleine Verbier qui avait sa cabane au Pic-d'Enfer... et nourrissait le fils de madame de Flavigneul... cet enfant qui a été enlevé par les gitanos.

CAUSSADE.

En effet, on m'a conté cette histoire... mais cela ne m'explique pas comment ce Claude-Marie...

ROUSSEL.

Est devenu idiot?... Mon Dieu, v'là la chose, monsieur Caussade... Figurez-vous qu'un soir, à la nuit close, Madeleine s'était endormie auprès du berceau de son nourrisson... Claude-Marie, qui avait cinq ans à cette époque-là, jouait aux billes devant la porte... quand un de ces damnés gitanos, à ce que l'on croit, entra dans la maison et enleva l'enfant... probablement Claude-Marie voulut crier pour défendre son frère de lait... Alors le voleur d'enfants lui serra le cou à l'étrangler... Quand Madeleine se réveilla, elle trouva le berceau vide... Elle interrogea Claude, qui se mit à rire... et lui montra son cou ensanglanté... Depuis ce jour-là, il rit toujours... Aujourd'hui, il est orphelin, il va de ferme en ferme, se chauffant quand il a froid, tendant la main quand il a faim, et dormant je ne sais où, sous la garde de la Providence... V'là l'histoire de Claude-Marie, monsieur Caussade.

JEANNE, se levant.

Pauvre garçon !... (Sept heures sonnent.)

CAUSSADE.

Sept heures !

PUJOL.

Jeanne, va mettre le couvert.

JEANNE.

Oui, mon père ! (Elle sort.)

PUJOL.

Monsieur Pujol, combien dois-je pour mon cheval?...

PUJOL.

Oh ! ce que vous voudrez, monsieur Caussade. (Caussade donne une pièce de monnaie à Pujol, qui remonte, et sort un instant à gauche.)

ROUSSEL, s'approchant de Caussade.

Eh bien, monsieur Caussade, vous ne m'étrennez pas?

CAUSSADE.

Je n'ai besoin de rien.

ROUSSEL.

Tenez, de jolis rasoirs anglais.

CAUSSADE.

Non... merci !

ROUSSEL.

Bah! vous m'achèterez bien quelque chose... Tenez, v'là votre affaire... un livre de calcul... un barême... Ça servira à la pointeuse de la forge pour faire le compte des ouvriers... Vous ne pouvez pas me refuser ça, monsieur Caussade?

CAUSSADE, impatienté.

Voyons, donnez... Combien?...

ROUSSEL.

Pour vous, c'est deux francs... Prix fixe... invariable... pour cause de départ... et de liquidation.

CAUSSADE, payant.

Voilà! (Il met le livre dans sa poche.)

ROUSSEL, chargeant son ballot sur son dos.

Ah! ça y est!... Allez-vous de mon côté, monsieur Caussade?

CAUSSADE.

Je vais à Tarbes!... (Il sort en disant un dernier adieu à Jeanne et à Pujol qui reparaissent.)

ROUSSEL.

Alors, nous nous tournons le dos... Je vais au pont d'Espagne. Au revoir, père Pujol!... au revoir, mam'selle Jeanne!... Réfléchissez... Un bon mouvement!... Me v'là sur les grandes routes pour deux mois... Bonsoir les amis, et bonne chance au colporteur! (Il sort.)

TOUS.

Bon voyage, Prohibé!...

ANDOCHE, rentrant.

Patron, l'isard elle est cuite... elle est sur la table.

PUJOL.

A table, les guides!

TOUS.

A table!... (Les guides entrent à gauche avec Jeanne et Pierre Pujol. — Le théâtre reste vide. La nuit est venue.)

SCÈNE XVIII.

CAUSSADE, puis JEANNE.

(La porte de droite s'ouvre doucement. Un homme paraît enveloppé d'un manteau. C'est Jacques Caussade. — Il entre et regarde autour de lui, en marchant sur la pointe des pieds. — Sûr qu'il ne peut être vu, il s'approche de la cheminée, décroche le fusil, le cache sous son manteau et va pour sortir par la droite. — En ce moment Jeanne revient par la gauche, tenant un flambeau à la main.)

JEANNE, à la cantonade.

Oui, mon père, j'y vais!...

CAUSSADE.

Quelqu'un!... (Il s'échappe par la droite.)

JEANNE, poussant un cri.

Ah!... (Le flambeau s'échappe de sa main.) Mon père !...

SCÈNE XIX.

JEANNE, PUJOL, LES GUIDES, puis ANDOCHE.

PUJOL.

Ce cri...

LES GUIDES.

Qu'y a-t-il ?...

JEANNE, tremblante.

Un homme... un homme qui était là... et qui s'est enfui à mon approche!

PUJOL.

Un voleur... Voyez au dehors! (Les guides sortent vivement.) C'est quelqu'un du pays.

JEANNE.

Je n'ai pas vu son visage, mon père... mais j'ai vu comme une ombre... là... à cette porte.

PUJOL.

Peureuse!... Tu te seras trompée... (Aux guides qui entrent.) Eh bien ?...

PREMIER GUIDE.

Personne !

DEUXIÈME GUIDE.

Nous n'avons rien vu !

PUJOL.

Tu vois bien!

JEANNE, à elle-même.

C'est étrange!... (Un guide a ramassé le flambeau et l'a allumé à la cheminée de gauche.)

ANDOCHE, accourant.

Patron... patron!...

PUJOL, riant.

Andoche!... (A Jeanne.) C'est lui que tu auras vu.

ANDOCHE.

Patron, v'là un papier pour vous !

PUJOL.

Donne ! (Il l'ouvre. Avec un mouvement douloureux.) Ah!

ANDOCHE.

Il y a une image en haut.

JEANNE.

Mon Dieu! Quel est ce papier, mon père?...

PUJOL.

Eh bien... c'est la réalisation des menaces de Simon... Un commandement, une saisie pour demain.

JEANNE.

Oh! le méchant homme!

PUJOL.

Vite... mon chapeau, mon bâton.

JEANNE.

Vous allez sortir?

PUJOL.

Oui, je veux le voir ce soir même, tâcher d'obtenir un délai.

JEANNE, avec effroi.

Dans la montagne... à la nuit?...

PUJOL.

Bah! il fait encore jour là-haut!... Que veux-tu qui m'arrive?...

JEANNE.

Je ne sais... mais...

PUJOL, qui a pris son chapeau et son bâton ferré, que lui remet Andoche.

Un jour comme celui-ci... un jour de fête!... Allons, tu es un enfant!... Embrasse-moi... ça me portera bonheur! (Il l'embrasse.)

CASTALOU.

Comment, père Pujol, vous sortez?...

PUJOL.

Oui, oui... Soupez sans moi, mes amis!...

TOUS, avec regret.

Oh!...

CASTALOU.

Mais où diable allez-vous comme ça?

PUJOL.

Où je vais?... Chez ce gueux de Simon! (Il sort; les guides rentrent à gauche.)

DEUXIÈME TABLEAU

Le Pic-d'Enfer: au fond, les cimes neigeuses éclairées par les derniers reflets du soleil couchant; au premier plan de gauche, une excavation dans le roc servant de domicile au crétin; au fond, à droite, la cloche d'alarme; à gauche, deuxième plan, un buisson de genêts.

SCÈNE PREMIÈRE.

CLAUDE-MARIE, seul.

(Au lever du rideau, on entend les sons très-lointains de la musique de la fête. — Claude-Marie paraît toujours en souriant. — Il cueille des fleurs à droite et à gauche, fait la chasse à un papillon qu'il saisit, puis qu'il laisse échapper. — Claude-Marie, criant.)

Ah!... oh!... ah!... oh!... (L'écho de la montagne répète les cris au loin. — Claude se met à rire.) Mes petits camarades, ça!... mes petits camarades!... (Il tire un morceau de pain de son sac et se met à manger tranquillement, en s'asseyant au fond, puis il se lève et chante.)

Ahou! quelles belles filles
  Chez nous on peut voir :
Avec leurs capuches rouges,
  Qui vont au lavoir.

Lire et compter!... Elle m'épousera!... Eh! eh! eh!... faudra voir... faudra voir!... Brrr... fait froid, la neige! fait froid, la neige!... (Il entre dans son trou, et s'étend sur une grossière couverture percée de trous. Sa tête s'alourdit. — Il s'endort. — On voit le père Simon gravir péniblement le sentier.)

SCÈNE II.

SIMON, CLAUDE-MARIE.

SIMON.

Ouf!... que c'est fatigant!... Ah! le coffre est encore bon... mais, c'est les jambes qui s'en vont!... (Il continue sa route.) C'est égal!.. à l'heure qu'il est, les Pujol doivent avoir reçu de mes nouvelles!... Bah! tant pire pour eux!... Chacun pour soi, dans ce bas monde!... Tiens, l'idiot!... (Il s'arrête devant Claude qui s'est réveillé, et le regarde fixement.) Etre obligé, pour rentrer chez moi, de passer tous les jours devant ce misérable!... Ce que c'est que l'instinct, pourtant!... Il me déteste comme si... Ah! crétin, va!... (Il lève son bâton. — Claude-Marie, qui n'a pas perdu un seul de ses mouvements, prend une pierre et s'apprête à la lancer à la tête de Simon.)

CLAUDE, menaçant.

Eh bé, quoi donc?... Eh bé, quoi donc?

SIMON, abaissant son bâton.

Tiens!... paraîtrait qu'il n'est pas bon, ce soir, l'idiot!... Allons, dors, imbécile!... Bonsoir!

CLAUDE, jetant son caillou.

Il m'a pas battu!... il m'a pas battu!... (Simon continue à gravir la montée. — Le canon d'un fusil passe à travers le buisson. — Une flamme brille, un coup de feu se fait entendre.)

SIMON, blessé mortellement.

Ah!... (Il chancelle et tombe.)

CLAUDE, très-tranquille dans son trou.

Eh! eh! eh!... Les isards... pan!... les isards!...

SIMON, se traînant péniblement.

Au secours!... A moi, Claude-Marie!

CLAUDE.

Eh bé, quoi donc?

SIMON.

Ah!... Claude-Marie!... à moi!...

CLAUDE, sortant de son trou.

Eh bé... quoi?...

SIMON, cherchant à se soulever.

Je suis blessé!... Va... là-bas... la cloche... sonne la cloche!... Ah!... (Il retombe et meurt.)

CLAUDE.

Le carillon de la cloche?... Oui!... oui!... (Il court à la cloche, et se met à sonner à tour de bras et très-gaiement.) Ding!... ding!... ding!... ding!...

SCÈNE III.

LES MÊMES, PIERRE PUJOL.

PUJOL, accourant.

La cloche d'alarme!... (Voyant Simon étendu sans mouvement.) Un homme assassiné!... Le père Simon!... (Criant.) Au secours!... à moi... mes amis, à moi!...

CLAUDE, poussant Simon du pied.

Il remue pas!... Eh! eh! (Montrant le sang qui tache sa chemise.) Eh! de l'eau rouge!... de l'eau rouge!...

PUJOL.

Au secours! (Les paysans paraissent de tous les côtés.)

SCÈNE IV.

LES MÊMES, BAUDRIER, CASTALOU, GUIDES, GENDARMES, PAYSANS, PAYSANNES.

TOUS.

Qu'y a-t-il?

PUJOL.

Tenez... voyez... le père Simon vient d'être assassiné!...

TOUS.

Ah!...

CLAUDE.

Eh! eh! eh!... l'eau rouge!...

BAUDRIER.

Courez... cherchez le meurtrier!... Allez donc!...

PUJOL, agenouillé près de Simon.

Vite... du secours... le médecin!...

BAUDRIER.

C'est inutile... il est mort!

TOUS.

Mort!...

CLAUDE, en riant.

Mort!...

CASTALOU, *aux paysans.*

Dites donc, les autres, v'là une mort qui ne doit pas être désagréable à l'aubergiste.

LES PAYSANS.

Pourquoi?...

CASTALOU.

Pardine! parce que Pierre Pujol devait de l'argent à Simon... Le v'là acquitté à c't' heure...

TOUS.

C'est vrai!...

UN PAYSAN.

Y a pas un quart d'heure, ils se sont disputés à l'auberge...

TOUS.

Tiens!...

UN GENDARME, *rentrant.*

Brigadier, voilà ce que je viens de trouver dans les broussailles.

TOUS.

Un fusil!...

LE GENDARME.

L'assassin voulait sans doute le jeter dans le gouffre, mais l'arme a été arrêtée par les branches.

BAUDRIER, *le prend et le regarde.*

Mais... c'est le fusil de Pierre Pujol!...

TOUS.

Le fusil de Pierre Pujol!...

PUJOL.

Mon fusil?... C'est impossible!...

BAUDRIER.

Regardez!...

PUJOL.

En effet!... Oui... c'est mon fusil.

TOUS.

Ah!... (*Des groupes se forment. — On cause à voix basse.*)

CASTALOU, *aux paysans.*

Vous voyez bien!

BAUDRIER.

Pierre Pujol, comment se fait-il que votre fusil?...

PUJOL.

Mais, je ne sais... J'ai entendu la détonation d'une arme à feu, puis la cloche d'alarme; je suis accouru pour porter secours... et j'ai trouvé Simon étendu là... (*Légers murmures dans la foule.*)

CLAUDE.

C'est moi qu'a fait le carillon de la cloche! C'est moi qu'a sonné...

BAUDRIER.

Vous avez donc prêté votre fusil à quelque chasseur du pays?...

PUJOL.

A personne!

BAUDRIER.

Prenez garde... Pierre Pujol! Vous deviez quinze cents francs à Simon... Tout le monde sait ça dans le pays...

UN PAYSAN.

Et la querelle de tout à l'heure?...

PUJOL, comprenant leur soupçon.

Ah!... infamie!... Quel est le lâche qui m'accuse?..

UN PAYSAN.

Ben sûr... c'est Pujol qui a tué Simon.

D'AUTRES.

Oui!... oui!...

PUJOL, voulant s'élancer.

Misérables!. .

BAUDRIER, le retenant.

Pierre Pujol, la voix publique vous accuse!... C'est un triste devoir que j'ai à remplir... mais, ce n'est pas devant moi que vous aurez à vous justifier... Pierre Pujol, au nom de la loi, je vous arrête!...

SCÈNE V.

LES MÊMES, JEANNE.

JEANNE.

Arrêté!... Ah!... mon père! (Elle se jette dans ses bras.)

PUJOL.

Oui, ma Jeanne, ton père... accusé d'un gnet-apens, d'un infâme assassinat... Tiens, regarde... (Il lui montre le cadavre de Simon.)

JEANNE.

Simon!... Et l'on vous soupçonne?... vous, la loyauté, la probité! vous, Pujol l'honnête homme!... (Baudrier fait un signe, on enlève le cadavre.)

PUJOL, avec désespoir.

Et j'étais seul!... seul!... (Regardant Claude.) Non... il a été comme moi témoin de ce qui s'est prssé, lui.

TOUS.

L'idiot!

PUJOL.

Voyons, Claude, mon ami... mon brave Claude... ils m'accusent... Comprends-tu?... ils m'accusent!.. moi!... Mais tu étais là... Voyons... une lueur de raison... un éclair d'intelligence!... Tu sais que je suis innocent... Tu peux me sauver...

JEANNE.

Oui... Claude... tu peux sauver mon père!...Parle... Tâche de te souvenir... Au nom du ciel, parle!... je t'en supplie... parle !...

CLAUDE, un instant ému et étonné, se met à rire.

Ahou!... quelles belles filles
Chez nous on peut voir :
Avec leurs capuches rouges,
Qui vont au lavoir.

PUJOL, avec désespoir.

Rien !... rien!... Ah ! je suis perdu !...

BAUDRIER.

Pierre Pujol, il faut me suivre. (Il fait un signe aux gendarmes.)

JEANNE.

Non!... non!... Grâce!...

BAUDRIER.

Mam'selle Jeanne, si Pujol est innocent... c'est la justice qui décidera...

TOUS.

Oui! en prison!... A Tarbes!... à Tarbes! (Les gendarmes s'emparent de Pujol, que Jeanne refuse de quitter. — Des paysans portent le corps de Simon, et le cortége se met en route.)

CLAUDE, seul, sur le devant du théâtre.

Tarbes!... C'est loin Tarbes. (Il se baisse et aperçoit un morceau de papier à terre. — C'est la bourre du fusil qui a tué Simon.) Papier!... papier!... pour lire et compter!... (Il rentre dans son trou. — Le cortége s'éloigne lentement, avec Pujol accablé et Jeanne qui courbe la tête. — L'idiot, qui a déplié le papier à moitié brûlé, s'efforce de lire avec son doigt. — Le rideau baisse.)

ACTE DEUXIÈME

TROISIÈME TABLEAU

A Tarbes : une place plantée d'arbres; à gauche, sur un plan oblique, la maison de justice où se tiennent les assises, et à laquelle on monte par un escalier; à droite, au premier plan, l'entrée d'un café ; tables et chaises devant la porte.

SCÈNE PREMIÈRE.

ANDOCHE, CASTALOU, PAYSANS et PAYSANNES des environs, ouvriers de la ville de Tarbes, puis BAUDRIER.

(Au lever du rideau, la foule cause par groupes sur la place. Andoche est assis sur les marches de l'escalier qui conduit au tribunal. — On voit passer au fond quelques membres du jury, leur citation à la main.)

CASTALOU, attablé avec deux autres guides.

Dites donc, vous autres, v'là MM. les jurés qui se rendent au tribunal... On ne tardera pas à ouvrir les portes.

BAUDRIER, sortant du café et parlant à la cantonade.

C'est bien, mère Lavenaze, vous mettrez ça sur mon compte!...

CASTALOU.

Tiens!... le brigadier! (A Baudrier qui entre.) Eh bien, brigadier, c'est donc aujourd'hui qu'on prononce le jugement?

BAUDRIER.

C'est probable!... vu que l'audience a été remise à ce matin pour le résumé du président et la délibération du jury.

CASTALOU.

L'accusé doit être dans ses petits souliers.

BAUDRIER.

On y serait à moins.

ANDOCHE, se levant.

Pauvre M. Pujol!...

CASTALOU.

Qu'est-ce qu'aurait cru ça il y a un mois?... Un homme établi, un homme que tout le monde estimait...

BAUDRIER.

Contre qui j'avais jamais verbalisé...

ANDOCHE.

La crème des honnêtes gens, quoi!

CASTALOU.

Le v'là traduit devant la cour d'assises de Tarbes, sous l'accusation d'un crime, d'un assassinat.

ANDOCHE.

Un assassinat... dont il est innocent!

PLUSIEURS PAYSANS, avec doute.

Oh! innocent! innocent!

CASTALOU.

Savoir!

BAUDRIER.

MM. les *jurys* apprécieront.

CASTALOU.

Ce qu'il y a de sûr, c'est que je ne voudrais pas être dans sa peau.

PLUSIEURS PAYSANS.

Ni moi!

ANDOCHE.

Pauvr' cher homme!... S'il n' se blanchissait pas, qué malheur pour lui... et pour sa fille donc... mam'selle Jeanne, qu'a déjà tant de chagrin!...

CASTALOU.

Ça n'avance guère ses amours avec M. Paul.

BAUDRIER.

D'autant plus que le papa, le maître de forge, fait partie du jury.

ANDOCHE.

M. Caussade?

BAUDRIER.

Eh! oui, il est tombé au sort... malheureusement pour eux... car je doute que celui-là vote pour l'acquittement.

ANDOCHE.

Ah! mon Dieu!... si on allait le condamner!...

SCÈNE II.

LES MÊMES, MARIETTE.

MARIETTE, s'avançant.

Le condamner?... Allons donc!... je voudrais bien voir ça!

TOUS.

La Mariette!...

MARIETTE.

Oui, c'est moi... Je viens de la forge pour assister au jugement, et, dès mon arrivée, j'en entends de belles... Condamner Pierre Pujol!... qu'est-ce qui dit des bêtises pareilles?... C'est-y vous, monsieur Placide? C'est-y vous, monsieur Castalou?

CASTALOU.

Moi?... Du tout, je disais...

BAUDRIER.

Nous disions seulement...

MARIETTE, les interrompant.

Le condamner!... Est-ce que c'est probable?... est-ce que c'est possible?

BAUDRIER.

Pourtant, d'après les débats...

MARIETTE.

Taisez-vous, Placide!... (Reprenant.) Les débats!... Moi aussi j'y étais, aux débats... et bien placée encore... au premier rang!... (Avec fierté.) On a des protections dans la gendarmerie...

BAUDRIER.

Naturellement, puisque...

MARIETTE.

Taisez-vous, Placide! (Continuant.) J'ai suivi avec attention les interrogatoires, les dépositions des témoins, l'accusation, les plaidoieries... et je dis que cet homme-là n'est pas coupable.

TOUS, excepté Andoche.

Oh! oh!

MARIETTE.

Ou tout du moins qu'il n'y a pas de preuves.

BAUDRIER.

Cependant, cousine... d'après les débats...

MARIETTE.

Taisez-vous !

BAUDRIER, prenant la position militaire.

Suffit !... MM. les *jurys* apprécieront.

ANDOCHE, aux paysans.

La !... vous entendez ?...

CASTALOU.

Pas de preuves !... Et la présence de l'accusé près du corps de Simon ?...

MARIETTE.

Qu'est-ce que ça prouve ?... puisqu'il allait chez lui !...

ANDOCHE.

C'est sûr !... puisqu'il allait...

CASTALOU.

Et son fusil trouvé dans un buisson, à quelques pas de là ?...

MARIETTE, hésitant.

Son fusil... son fusil...

CASTALOU.

J'espère que c'en est une, de preuve, ça ! et une fameuse !

TOUS, excepté Andoche.

C'est vrai !...

MARIETTE.

Mais, enfin, ce fusil ne peut-il avoir été pris par quelqu'un ?

ANDOCHE.

Pardienne !

MARIETTE.

Quand mam'selle Jeanne a été appelée chez le juge instructeur, elle a déclaré que l' soir même de l'assassinat, elle avait surpris à l'auberge un homme qui s'était sauvé à son approche.

ANDOCHE.

Qui s'était *ensauvé !*... vous voyez ben !

CASTALOU.

Oui ; mais quand on a demandé à Jeanne si elle pouvait donner le signalement du particulier...

BAUDRIER.

Bernique, mon bel ami !... Elle a répondu que non...

MARIETTE.

Puisqu'il faisait nuit...

ANDOCHE.

Puisqu'il faisait nuit, c'est clair !...

CASTALOU.

Et quand on lui a demandé si elle avait vu dans ses mains un fusil, elle a encore répondu qu'elle n'en savait rien...

MARIETTE.

Puisque l'inconnu était enveloppé d'un manteau.

ANDOCHE.

Puisqu'il était enveloppé d'un manteau.

BAUDRIER.

On a ordonné des recherches, on a confronté avec elle plusieurs individus suspects ; dans aucun d'eux elle n'a reconnu l'homme de l'auberge.

CASTALOU.

Tout ça, voyez-vous, c'est des histoires inventées par elle pour dérouter la justice et sauver son père. (Se détournant vers les paysans.) C'est ben naturel, après tout, pas vrai ?...

LES PAYSANS.

Oui... oui !...

ANDOCHE.

Mais, enfin, c'tte bourre ?...

BAUDRIER.

Quoi, c'tte bourre ?

MARIETTE.

Certainement, la bourre du fusil ramassée au Pic-d'Enfer par Claude-Marie...

CASTALOU, riant.

Ah ! ah !... Claude-Marie !... un idiot !... Quelle confiance qu'on peut avoir dans son témoignage ?...

BAUDRIER.

Un être totalement dépourvu d'intellecte et d'*inducation* Quand je l'ai amené z-hier à l'audience pour témoigner, on n'a pu tirer de lui que des balivernes qui ont fait rire l'*insistance,* et v'là tout.

MARIETTE.

Oui ; mais cette bourre, ce papier à moitié consumé, qu'on a trouvé en sa possession, provenait d'un livre de calcul... et portait un numéro... le numéro de la page 7...

CASTALOU.

Eh ben, après ?

MARIETTE.

Eh ben ! on a fait faire des perquisitions à l'auberge de Pujol, et on n'a trouvé aucun livre de ce genre-là.

CASTALOU.

Bah ! un papier imprimé... une feuille volante... ça ne pouvait-il pas avoir enveloppé quéqu' chose qu'il avait acheté ?...

BAUDRIER.

Ou ben avoir été laissé chez lui par quéqu' voyageur ?... Dans une auberge, il passe tant de monde !...

CASTALOU.

Enfin, la belle enfant, si Pierre Pujol n'a pas d'autres raisons à donner pour sa défense... je le plains.

BAUDRIER.

Son affaire est toisée..

ANDOCHE, qui regardait au fond, à droite.

Chut!... V'là mam'selle qui vient par ici...

TOUS.

Jeanne!...

MARIETTE, regardant.

Pauv' fille!... Comme elle est triste et abattue!

ANDOCHE.

Rien que d' la voir, ça fend le cœur!... (En ce moment la porte du tribunal s'ouvre, et un gendarme paraît sur le seuil.)

CASTALOU.

Hé! dites donc... v'là qu'on ouvre les portes!...

LES PAYSANS.

Ah!... enfin! Entrons!... entrons!... (Ils se précipitent vers l'escalier.)

BAUDRIER.

L'audience ne va pas tarder à commencer... faut que j'aille à mon poste... (Offrant son bras à Mariette.) Venez-vous, jolie future?...

MARIETTE.

Un instant, Placide... je suis à vous. (A Jeanne, qui est arrivée lentement, très-pâle et la tête baissée.) Voyons, mam'selle Jeanne, ne vous affligez pas comme ça!... Tout ira bien... vous êtes de braves gens, et le bon Dieu ne vous abandonnera pas!

ANDOCHE, qui s'est aussi approché d'elle.

Oh! non!... oh! non!... mam'selle!...

JEANNE, leur tendant la main.

Merci, mes amis, merci!...

BAUDRIER, qui s'est arrêté au fond.

Eh bien, Mariette?...

MARIETTE.

Me voilà!... (Prenant la main de Jeanne.) Au revoir!... Je vais à l'audience... Allons, du courage, et bon espoir!...

ANDOCHE.

Oui... oui, bon espoir!...

MARIETTE, prenant le bras de Baudrier.

Marchons!... (Elle monte l'escalier avec lui, en faisant un dernier signe d'affection à Jeanne. Andoche monte aussi et entre au tribunal, derrière les paysans qui ont opéré leur sortie pendant la fin de la scène.)

SCÈNE III.

JEANNE, puis CAUSSADE.

JEANNE, seule.

Du courage!... de l'espoir!... Oui, j'en aurai... Je dois en conserver encore... Dieu est bon et juste... il aura pitié de mon père... il éclairera le cœur de ses juges!... Pauvre père

Depuis un mois qu'il est arrêté, c'est à peine, si deux ou trois fois on m'a permis de le voir... de pleurer avec lui... Et pourtant, chaque jour, je quittais notre village pour venir ici... pour me présenter à la porte de sa prison... Mais presque toujours on me repoussait... en me disant que la justice, que la loi s'opposaient à notre réunion... Oh! qu'elle est cruelle, la loi qui ne permet pas à une fille de mêler ses larmes à celles de son père! (Après un moment.) Aujourd'hui... dans quelques instants... son sort va être fixé... on va prononcer la sentence... (Montrant le tribunal.) Ah! je n'ose entrer là!... S'ils allaient le condamner, mon Dieu!...

CAUSSADE, entrant par la gauche, premier plan, d'un air soucieux et à part.

Bientôt dix heures!... La cour va entrer en séance... Ah! maudit soit le hasard qui m'a désigné pour prononcer dans cette affaire!...

JEANNE, l'apercevant et à part.

M. Caussade!... un de ceux de qui dépend l'honneur, la vie de mon père...!

CAUSSADE, à part.

Enfin, c'est la dernière fois!... Aujourd'hui même mon supplice cessera!... Allons!... (Il se dirige vers la maison de justice.)

JEANNE, à part.

Ah! si j'osais... (D'une voix suppliante, à Caussade qui va pour sortir.) Monsieur!...

CAUSSADE, s'arrêtant.

Hein?... (Reconnaissant Jeanne, et à part, avec émotion.) Elle!... la fille de... (D'un ton brusque.) On m'attend... que me voulez-vous?...

JEANNE.

Vous parler de mon pauvre père...

CAUSSADE, très-troublé.

De... votre père?...

JEANNE.

De grâce, monsieur, écoutez-moi!...

CAUSSADE, se remettant et d'une voix brève.

Vous écouter?... Impossible!... mon devoir me défend de céder à aucune influence...

JEANNE, avec douceur.

Il ne vous défend pas d'entendre la vérité... (S'animant.) Ah! monsieur... tout à l'heure votre voix va décider de notre sort... Cette voix seule, peut-être, suffit pour faire condamner ou absoudre...

CAUSSADE, dans le plus grand trouble.

C'est malgré moi, mademoiselle... que j'ai accepté cette responsabilité... Craignant d'obéir involontairement à quelque motif personnel, j'avais cherché à me récuser...

JEANNE.

Oui, je le sais... on me l'a dit... Mais puisqu'il en est autrement, puisque vous êtes appelé à juger mon père, soyez équitable envers lui !... Il est innocent, monsieur... je l'atteste, je le jure devant Dieu qui m'écoute !... Les apparences l'accusent, oui, j'en conviens... la fatalité l'accable !... il ne peut expliquer les faits ni désigner le vrai coupable !... (Mouvement de Caussade.) mais il est innocent, monsieur... il est innocent !...

CAUSSADE, voulant lui échapper.

Laissez-moi !... laissez-moi !...

JEANNE, se plaçant devant lui.

Oh ! non, non... vous ne partirez pas... vous vous laisserez toucher par mes larmes, par mon désespoir !... Hélas !... je sais que vous ne m'aimez pas...

CAUSSADE.

Moi ?...

JEANNE.

Vous croyez que je cherche à détourner votre fils de l'obéissance qu'il vous doit; que mon désir, mon ambition sont d'être sa femme... Eh bien, soyez indulgent pour mon père... qu'il soit absous de cette accusation terrible; rendez-le à sa fille dont il est l'amour, le soutien... et je me soumets d'avance à tout ce que vous exigerez... Je ne verrai plus M. Paul... je quitterai le pays si vous l'ordonnez... Oui, je ferai tout pour vous complaire, pour vous obéir... Mais que mon père soit sauvé !... que mon père soit sauvé !... (Elle tombe à ses pieds.)

CAUSSADE.

Que faites-vous ?... (A part.) Elle !... elle !... à genoux, devant moi !...

SCÈNE IV.

LES MÊMES, CLAUDE-MARIE.

CLAUDE-MARIE, qui vient d'entrer par la droite, et à part.

Tiens !... Jeanne... à genoux !... (Riant d'un air hébété.) Elle prie... elle prie !... (Il s'approche et se met à genoux de l'autre côté de Caussade.)

CAUSSADE, surpris.

Hein !... quoi ?... que veut cet idiot ?...

JEANNE.

Claude !...

CAUSSADE, à Claude-Marie, brusquement.

Que fais-tu là ?...

CLAUDE-MARIE.

Moi ?... (Riant.) Eh !... j' fais comme elle... comme Jeanne... je prie...

CAUSSADE.

Allons, drôle... laisse-moi !... (Il fait quelques pas pour sortir.)

JEANNE.

Monsieur... par pitié... un seul mot!...

CAUSSADE, avec force.

Assez!... je ferai ce que me dictera ma conscience !... (Il sort vivement.)

SCÈNE V.

JEANNE, CLAUDE-MARIE, puis QUELQUES PAYSANS.

JEANNE.

Il s'en va... il me laisse sans une parole d'espérance... sans un regard de pitié!... Ah ! mon Dieu !... mon Dieu !... (Elle pleure.)

CLAUDE-MARIE, qui s'est relevé, s'approchant d'elle.

Tiens !... elle pleure !... (La regardant avec intérêt.) Vous pleurez !... pourquoi donc ?...

JEANNE.

Pourquoi ?...

CLAUDE-MARIE.

Oui... pourquoi ?... On vous a battue ?... Qui ça ?... (D'un air menaçant.) Qui ça qui vous a battue ?...

JEANNE.

Personne... Calme-toi !...

CLAUDE-MARIE.

Personne ?... Alors, pourquoi qu' vous pleurez ?... faut pas... faut pas pleurer... faut rire... Je ris, moi... (Riant.) Eh !... Faut rire aussi, vous !... (Il cherche à lui essuyer ses larmes avec un mouchoir qu'il lui prend des mains.)

JEANNE, le repoussant doucement.

Ah ! laisse-moi, Claude !... tu ne peux ni me consoler, ni me comprendre...

CLAUDE-MARIE.

Si... si... je comprends bien... vous avez d' la peine... et ça me fait mal... J' voudrais pleurer avec vous... et j' peux pas !... (Se serrant la gorge.) J' peux pas !...

UN PAYSAN, entrant, suivi de quelques autres.

Hé ! vivement, par ici, les amis !... Ah !... mam'selle Jeanne !... Et l'idiot !...

TOUS, riant.

L'idiot !... Ah ! ah !...

LE PAYSAN.

Eh ben, tu restes là, bel amoureux ?... Tu ne viens pas avec nous ?...

CLAUDE-MARIE.

Avec vous ?... Où ça ?...

LE PAYSAN.

Au tribunal, pardié !...

CLAUDE-MARIE.

Au tribunal ?...

LE PAYSAN.

Eh ! oui !... (Baissant un peu la voix.) Pour entendre juger le père Pujol...

CLAUDE-MARIE.

Le père Pujol !... Ah ! oui... oui..

LE PAYSAN, riant.

Peut-être qu'on a encore besoin de ton témoignage... là-dedans...

CLAUDE-MARIE.

Mon témoignage ?... Eh ! eh !... j' veux ben !... j' veux ben !...

LE PAYSAN, riant.

Ah ! ah !... a-t-il une bonne tête !... Allons, va donc !... va donc !... (Ils entraînent Claude-Marie en riant, et entrent avec lui au tribunal.)

SCÈNE VI.

JEANNE, puis PAUL, et ensuite ANDOCHE.

JEANNE, qui s'est tenue à l'écart pendant la fin de la scène précédente.

Et ils ont le courage de plaisanter quand c'est leur ami, quand c'est mon père qu'on juge en ce moment !...

PAUL, entrant et accourant vers elle.

Jeanne !... c'est vous !... Ah ! mon cœur me disait que je vous trouverais ici !... Mais qu'est-il donc arrivé ? Cette pâleur... ces larmes... Est-ce que votre père ?...

JEANNE.

Non, l'arrêt n'est pas encore rendu... mais je tremble...

PAUL.

Jeanne !... chère Jeanne !... calmez-vous ! Pourquoi désespérer, vous désoler d'avance ?... Ainsi que vous, je suis convaincu de l'innocence de Pujol... Les apparences sont contre lui ; mais la preuve palpable, évidente, on ne l'a pas... des présomptions, mais point de témoins du crime. Rassurez-vous donc, pauvre fille !... La justice, en France, est honnête et éclairée... Les cinquante ans de vertus de votre père plaideront pour lui devant la conscience de ses juges... Et, croyez-moi, Jeanne, croyez-moi, il sera absous !

JEANNE.

Ah !... que Dieu vous entende !... qu'il exauce ma prière !

ANDOCHE, sortant du tribunal.

Ouf !... fait-il chaud là-dedans !...

JEANNE, l'apercevant.

Ah! c'est toi!... Eh bien?...

ANDOCHE.

Eh ben, mam'selle, rien de neuf... messieurs les juges viennent de se retirer pour délibérer.

PAUL, à Jeanne.

Encore un peu de courage et de patience!...

JEANNE.

Ah! si du moins je pouvais voir mon père!

PAUL.

Impossible! Avant l'issue du jugement, on ne vous laissera pas pénétrer jusqu'à lui.

JEANNE.

Ah! du moins, je veux être là, quand les jurés liront leur sentence... pour partager sa joie, ou son désespoir.

PAUL.

Eh bien, venez, Jeanne... je vais vous conduire... Et puisse le ciel protéger votre père! (Il monte avec elle au tribunal.)

SCÈNE VII.

ANDOCHE, puis CASTALOU et DEUX ou TROIS AUTRES GUIDES, puis ROUSSEL, et enfin CLAUDE-MARIE.

ANDOCHE, seul.

Ah! jarni! c'est que les affaires de la poste ne marchent guère depuis un mois... Et, en attendant, les chevaux grignotent toujours, les sans-cœur!...

CASTALOU, sortant du tribunal avec quelques paysans et des guides.

Voyons, vous autres, pendant qu'on délibère, je propose une tournée... Ça y est-il?

TOUS.

Oui... oui... une tournée!

CASTALOU.

Ohé!... père Lavenaze!... un flacon d' vieux cognac, vivement.

LE CABARETIER, dans la boutique.

Voilà!... voilà!...

CASTALOU.

C'est drôle comme la justice altère! J'ai l' gosier d'un sec!... (Le cabaretier apporte un flacon et des verres qu'il pose sur la table.) Eh ben, Andoche, tu ne trinques pas avec nous?

ANDOCHE, tristement.

Merci!... j'ai pas soif!...

CASTALOU.

Bah!... avale toujours, imbécile!...

ANDOCHE, à part.

C'est donc histoire de boire à l'acquittement du patron!... (Il s'approche et prend un verre.)

CASTALOU.

A votre santé!...

TOUS.

A la tienne!... (Ils trinquent.)

ROUSSEL, entrant, le ballot sur l'épaule.

Bonjour, les amis!...

TOUS.

Tiens!... Roussel, le colporteur!

CASTALOU.

Déjà de retour, le Prohibé?

ROUSSEL.

Oui, j'ai mis les bouchées doubles, j'ai mené rondement mes affaires en Espagne... et j'arrive de mon pied léger, *pedibus cum jambis*, la chanson aux lèvres et mon ballot sur l'épaule. (Leur donnant des poignées de main.) Ça va bien?

CASTALOU.

Merci, à la douce!... Veux-tu boire un coup?

ROUSSEL.

Volontiers! car le soleil est rudement chaud dans la montagne!... (Après avoir bu.) Ah çà! par quel hasard êtes-vous donc à Tarbes?

CASTALOU.

Comment!... tu n'as pas appris la nouvelle, sur ta route?

ROUSSEL.

La nouvelle?... quelle nouvelle?... Non, je ne sais rien.

ANDOCHE, soupirant.

Ah! il s'en est passé de drôles, depuis vot' départ!...

ROUSSEL.

Bah!... Quoi donc?...

CASTALOU.

Eh bien, le père Simon...

CLAUDE-MARIE, qui depuis un moment est sorti du tribunal, s'approchant.

Simon!... y n' bouge pus!... (Riant.) Eh! eh!

TOUS.

L'idiot!...

ROUSSEL, lui donnant une tape.

C'est toi, grand Nicodème?...

CLAUDE-MARIE.

Oui... me v'là... moi... me v'là... j' viens du tribunal... Les juges... en robes noires... Eh!...

ROUSSEL.

Les juges?... le tribunal?... qu'est-ce qu'il veut donc dire?...

CASTALOU.

Tiens, demande-lui de te conter la chose...

ROUSSEL.

A lui?... à cet imbécile?...

CASTALOU.

Ça sera plus amusant!...

LES GUIDES.

Allons, l'idiot!... faut lui conter ça!...

CLAUDE-MARIE.

Compter... lire et compter!... Oui... oui... j' connais ben!

ROUSSEL.

Voyons!... vous parliez de Simon!... Que lui est-il arrivé?...

LES GUIDES, à Claude-Marie.

Parle donc!...

CLAUDE-MARIE.

Simon?... Ah! oui... je sais... je m' souviens... Dans la montagne... au Pic-d'Enfer... il montait... (Imitant la démarche d'un vieillard.) avec son bâton... moi... j'e dormais. . dans mon trou... sur l'herbe... j'avais chaud... Tout à coup... (Faisant le signe d'ajuster et imitant la détonation d'une arme à feu.) Pan!...

ROUSSEL.

Un coup de fusil?...

CASTALOU.

Laisse-le donc finir!...

ROUSSEL, à Claude-Marie.

Eh bien, voyons... ensuite?

CLAUDE-MARIE, riant.

Y tombe! y tombe!...

ROUSSEL.

Qui?...

CLAUDE-MARIE.

Simon.

ROUSSEL.

Simon?...

CLAUDE-MARIE.

L'eau rouge... la cloche... c'est moi qu'a sonné... J'ai sonné la cloche... dign!... don!... dign!... don!... Y n' bougeait pus .. Et puis... et puis...

ROUSSEL.

Et puis... quoi?... Voyons!...

CLAUDE-MARIE.

Là-bas... dans la terre... Eh!

ROUSSEL.

Comment!... Simon, le père Simon serait mort?

CLAUDE-MARIE.

Mort... oui... (Riant.) Eh! eh!... (Il tire un morceau de pain de son bissac.) Du pain... pour manger... du pain. (Il s'éloigne en le mangeant.)

ROUSSEL, aux guides.

Ah çà! est-ce vrai ce qu'il dit là?

CASTALOU.

Très-vrai, mon garçon... Ce vieux roquentin de Simon a été tué, y a un mois, juste le jour de ton départ, d'un coup de fusil dans la montagne.

ROUSSEL, devenant pensif.

Simon est mort !...

CASTALOU.

Et c'est son meurtrier, Pierre Pujol, que l'on juge en ce moment.

ROUSSEL.

Pierre Pujol!... son meurtrier?

ANDOCHE, se récriant.

Ah! c'est-à-dire, un instant! l'arrêt n'est pas encore rendu.

CASTALOU.

Non; mais il le sera bientôt... Et, tenez, v'là qu'on sort du tribunal.

SCÈNE VIII.

LES MÊMES, PAYSANS et PAYSANNES, sortant du tribunal, et parlant avec animation entre eux, puis PAUL, MARIETTE et BAUDRIER.

PAUL, fendant la foule.

Acquitté!... Il est acquitté!...

CASTALOU ET LES GUIDES.

Ah bah!...

ANDOCHE.

Acquitté!... Ah!... qué chance!... (Jetant son chapeau en l'air.) Vive M. Pujol!... vivent MM. les jurés!...

PAUL.

Oui, mes amis, acquitté !... Dans un instant il sera libre... Et, voyez!... c'est lui qui s'avance au bras de sa fille.

ANDOCHE.

Mon brave patron! Hein !... quand j' vous le disais! Je savais ben, moi, qu'il n'était pas coupable!...

SCÈNE IX.

LES MÊMES, PIERRE PUJOL, JEANNE.

JEANNE, l'amenant, et avec joie.

Venez, venez... mon père!... vous êtes libre!... sauvé!... Ah! que je suis heureuse!...

PUJOL, la pressant dans ses bras.

Ma fille!... mon enfant! et vous, vous, mes amis, il m'est donc permis de vous revoir!... Le ciel a eu pitié de moi!... il a préservé un innocent du déshonneur et de l'infamie! (Tout en parlant, il s'est approché des guides, des paysans, en leur tendant la main; mais chacun se détourne sans la prendre.)

JEANNE.

O ciel!...

PAUL.

Que signifie?

PUJOL.

Comment, comment!... vous refusez ma main?

JEANNE.

Mais, vous n'avez donc pas entendu?... son innocence est reconnue?..

MARIETTE.

Il est acquitté!...

BAUDRIER, bas.

Oui... à une voix!

CASTALOU, bas.

Par les jurés... mais pas par nous!

JEANNE, allant de groupe en groupe.

Mais c'est un honnête homme... c'est votre ami à tous!... (Murmures sourds parmi la foule.) Vous ne voudriez pas troubler sa joie par un pareil affront!... Voyons, monsieur Castalou!... (Castalou se détourne sans répondre.) Et vous, monsieur Placide?...

BAUDRIER.

Oh! moi, je respecte l'opinion de MM. les *jurys*...

JEANNE.

Eh bien, alors...

MARIETTE.

Mais allez donc, allez donc, Placide!...

JEANNE.

Tendez-lui donc la main!...

BAUDRIER.

Ah! dame... écoutez donc... lui tendre la main, c'est une autre affaire.

JEANNE.

Eh quoi!... vous refusez?

PUJOL.

Vous vous éloignez de nous, comme si la honte nous avait flétris?...

JEANNE.

Personne ne veut toucher notre main et nous faire amitié?...

MARIETTE.

Si fait, Jeanne!... si fait! Embrasse-moi!... (Elle lui saute au cou.)

JEANNE, la serrant dans ses bras.

Ah! merci!... merci, Mariette!

PAUL, qui a tout regardé en silence, s'approchant.

Et vous, Pujol, prenez ma main!... (Mouvement d'étonnement

parmi la foule.) Elle ne craint pas de toucher la vôtre... car c'est celle d'un brave homme!...

PUJOL, avec effusion.

Monsieur Paul!...

PAUL, se tournant vers la foule.

Comment!... quand la sentence l'absout, vous le condamnez?... vous refusez de croire à son innocence?... Eh bien, moi, j'y crois!... (Murmures dans la foule.) Oui, j'y crois!... Relevez la tête, Pujol... (A Jeanne.) Cessez de pleurer, pauvre fille!... car moi, un soldat... moi qui ne suis suspect à personne, je l'espère, je mets votre honneur sous la garde du mien.

MARIETTE, à part.

Bien!... très-bien!... Digne jeune homme!

JEANNE, à Paul.

Comment!... que dites-vous?

PAUL.

Je dis. . je dis devant tous, que je serais fier et heureux d'entrer dans votre famille... de m'allier à celui que l'on repousse comme un coupable... Pierre Pujol, voulez-vous m'accorder votre fille?... Et vous, Jeanne, voulez-vous être ma femme?

ROUSSEL, à part.

Sa femme!...

JEANNE, très-émue.

Votre femme!... moi!... moi!...

PUJOL.

Vous nous feriez un pareil honneur?... (Depuis un instant, Caussade a paru et s'est arrêté sur l'escalier; à ces derniers mots, il s'approche vivement.)

SCÈNE X.

LES MÊMES, CAUSSADE, puis, à la fin, CLAUDE-MARIE.

CAUSSADE, s'approchant et avec colère.

Malheureux!... tu oserais?...

TOUS.

M. Caussade!...

PAUL, avec fermeté.

Mon père, permettez-moi de ne prendre conseil que de mon cœur.

CAUSSADE, s'approchant de Jeanne, et à voix basse.

Jeanne, cette voix qui a sauvé votre père, c'était la mienne! songez à votre promesse!

JEANNE, bas.

Je ne l'oublierai pas.

CAUSSADE, bas.

J'y compte!...

PAUL.

Eh bien, Jeanne, j'attends votre réponse.

JEANNE.

Merci, monsieur Paul, de votre offre généreuse... merci de l'honneur que vous vouliez nous faire; mais... je ne puis l'accepter.

PAUL.

Et pourquoi?

JEANNE.

Je ne veux pas vous faire partager le mépris qui pèse sur nous... Un jour, peut-être, la vérité sera connue... chacun nous rendra son estime... mais jusque-là, je ne dois appartenir à personne... je me dois toute à mon père.

ROUSSEL, à part.

Elle refuse!... y a encore pour moi de l'espoir!

JEANNE.

Adieu, M. Paul!... Et vous, venez, mon père... Dès aujourd'hui ma tâche commence.

PUJOL.

Que veux-tu dire?

JEANNE, l'attirant à l'écart et à voix basse.

Ils ont acquitté un innocent, mais il reste à trouver le coupable. Ils vous ont laissé la vie, mais, moi, mon père, je vous rendrai l'honneur.

CLAUDE-MARIE, qui a reparu pendant la fin de la scène, gaiement et à part.

Quand je saurai lire et compter, elle m'épousera!... (Jeanne s'éloigne tristement avec son père. La foule s'écarte devant eux avec un sentiment de réprobation. Claude les suit, en mangeant son pain.)

ROUSSEL, à part sur le devant, pendant que la sortie s'opère.

Ce soir, j'irai au sapin creux!

ACTE TROISIÈME.

QUATRIÈME TABLEAU

Au château de Flavigneul : une salle de verdure au milieu d'un parc; chaises et banc de jardin; table de pierre sur laquelle sont une corbeille à ouvrage et un livre.

SCÈNE PREMIÈRE.

MADAME DE FLAVIGNEUL, JOSEPH et NOÉMI.

(Au lever du rideau, Noémi, auprès de la table de pierre, est assise et travaille à une broderie. Madame de Flavigneul entre par la droite, suivie de Joseph.)

MADAME DE FLAVIGNEUL.

Vous avez bien compris, Joseph?...

JOSEPH.

Oui, madame.

MADAME DE FLAVIGNEUL.

Dans une heure, vous ouvrirez la grille du parc... C'est sur la pelouse que danseront les gens du pays... (Joseph sort.)

NOÉMI.

Ah! mon Dieu!... un bal!... une fête!...

MADAME DE FLAVIGNEUL.

Oui, chère enfant... Je veux que chacun prenne sa part de ton bonheur.

NOÉMI.

Mon bonheur!

MADAME DE FLAVIGNEUL, souriant.

Un soupir!... (S'asseyant près d'elle.) Voyons, méchante fille, confessez-vous bien vite. Est-ce que ce mariage te déplaît?... Je suis ta tutrice, ta plus proche parente...

NOÉMI, l'embrassant.

Oh! vous êtes ma mère...

MADAME DE FLAVIGNEUL.

Eh bien, ce que je veux avant tout, c'est le bonheur de toute ta vie... Sois franche, M. Paul Caussade te plaît-il?...

NOÉMI.

Oh! oui, ma tante; sa figure est pleine de franchise et de loyauté... C'est un honnête jeune homme, j'en suis bien sûre.

MADAME DE FLAVIGNEUL.

Mon pauvre Charles serait comme lui, un brave soldat, un cœur loyal, généreux! Il aurait presque son âge...

NOÉMI.

Ma tante, à mon tour de vous gronder... Vous aviez promis d'oublier...

MADAME DE FLAVIGNEUL.

Oublier! Le puis-je?... Pauvre enfant! Ah! pourquoi l'ai-je confié à une étrangère... Ceux qui me l'ont ravi n'auraient pas osé le prendre dans mes bras... Quelques mois après, je devenais veuve... et j'étais seule à jamais...

NOÉMI, d'un ton de reproche.

Seule!

MADAME DE FLAVIGNEUL.

Non... car tu me restes... et tu es l'ange gardien qui m'aide à vivre... (Noémi lui tend son front, madame de Flavigneul l'embrasse.)

NOÉMI.

A la bonne heure... votre sourire est revenu... D'abord, je suis une grande égoïste... et je veux que vous ne pensiez qu'à moi...

LA VOIX DE JOSEPH.

Veux-tu t'en aller... Chassez-le!...

NOÉMI.

Une querelle?...

MADAME DE FLAVIGNEUL, appelant.

Joseph! Joseph! que se passe-t-il donc!

JOSEPH.

Madame, c'est Claude, l'idiot du pays... qui se promène tranquillement dans le parc... et comme, ainsi que l'a ordonné madame, on n'ouvrira la grille que tout à l'heure...

NOÉMI.

Le pauvre garçon!... je demande grâce pour lui...

JOSEPH.

C'est que mademoiselle ne sait pas...

NOÉMI.

Quoi donc?

JOSEPH.

Germain portait le journal de madame dans le kiosque... alors l'idiot s'est précipité, et lui a arraché le journal des mains...

NOÉMI, souriant.

Comment!... il veut lire le journal?...

JOSEPH.

Un âne de cette espèce!... Oh!... nous allons le chasser...

MADAME DE FLAVIGNEUL.

Le chasser! pourquoi? C'est un malheureux... il veut sans doute nous demander la charité... laissez-le venir!

JOSEPH.

Ah! si madame le permet, c'est différent... (Il appelle.) Claude!...

MADAME DE FLAVIGNEUL, tristement.

C'est le fils de Madeleine Verbier, de cette malheureuse femme...

NOÉMI, avec reproche.

Eh bien!... encore!...

MADAME DE FLAVIGNEUL.

Non... non... je te le promets... (Claude-Marie paraît; Joseph lui indique madame de Flavigneul et sort.)

SCÈNE II.

LES MÊMES, CLAUDE-MARIE.

CLAUDE-MARIE.

Ils m'ont pas battu!...

MADAME DE FLAVIGNEUL.

Approche, mon ami!... Tiens... voilà pour toi!... (Elle lui tend une pièce d'argent.)

CLAUDE-MARIE.

Des sous!... Oh! j'en ai, des sous... plein ma poquette, (Il tire des sous de sa poche et le montre en les faisant résonner.)

NOÉMI.

Comme tu es riche!...

CLAUDE-MARIE.

Riche... oui...

MADAME DE FLAVIGNEUL.

Alors, si tu refuses l'aumône, que veux-tu donc?

CLAUDE-MARIE.

Je veux rien... je veux rien!... (Voyant le livre resté sur la table.) Ah! livre!... (Il le prend.)

MADAME DE FLAVIGNEUL.

Comment! que dit-il?...

CLAUDE-MARIE.

Pour lire et compter... pour épouser Jeanne... (Il ouvre le livre et semble épeler tout bas avec son doigt.)

NOÉMI, à madame de Flavigneul.

En effet, j'ai entendu parler de cela... Ce malheureux aime Jeanne, et dans sa folie...

MADAME DE FLAVIGNEUL.

Pauvre fille! Quel est son sort?...

NOÉMI.

Elle serait si heureuse avec nous! Mais pour quel motif a-t-elle refusé l'emploi que vous lui offriez au château?...

MADAME DE FLAVIGNEUL.

Claude!...

CLAUDE-MARIE, déposant le livre sur la table.

Eh bé?...

NOÉMI.

Qu'est devenue Jeanne?... Où est-elle?... L'as-tu vue aujourd'hui?

CLAUDE-MARIE.

Oui... oui... j' la quitte pas... oh! j' la quitte pas...

NOÉMI.

Mais que fait-elle?...

CLAUDE-MARIE.

J' sais pas... elle marche, elle pleure, elle écoute... et puis... bien fatiguée... alors... eh donc!... je la fais boire... (Il montre une petite bouteille qu'il tire de son sac.) Vin!.. bien bon, là!... (Il se frotte la poitrine.) Vin... pas pour moi... Les fontaines, moi... avec les chiens... Ahoa!... ahoa! (Montrant sa bouteille.) Pour Jeanne, ça... pour Jeanne!... Eh!... eh!... eh!...

NOÉMI, attendrie.

Pauvre garçon, quel dévouement!...

CLAUDE-MARIE, montrant le livre.

Livre... papier... eh bé!... (Il a l'air de demander le livre.)

NOÉMI.

Eh bien, puisque ce livre te fait plaisir, garde-le... il est à toi...

CLAUDE-MARIE.

Ah !... j'ai encore... (Il tire des livres de sa besace et les met sur la table.) J'ai encore... (Il tire d'autres vieux livres de ses deux poches.)

NOÉMI.

Ah ! que de livres !... Voyons... (Elle s'approche.)

CLAUDE-MARIE, croyant qu'on veut lui prendre ses livres, et les entourant de ses bras.

Non... non... à moi... lire et compter... lire et compter... à moi... à moi !

JOSEPH, entrant.

Le notaire vient d'arriver... il attend madame au salon pour lui soumettre le contrat.

MADAME DE FLAVIGNEUL.

J'y vais... Viens-tu, Noémi ?...

NOÉMI.

Oui... ma tante... J'ai couru dans le parc... je dois être toute décoiffée...

MADAME DE FLAVIGNEUL.

Coquette !...

NOÉMI.

Non... je tiens à ne faire peur... à personne... voilà tout... D'ailleurs, pour recevoir mon prétendu, un officier, ne faut-il pas que je sois sous les armes ?

MADAME DE FLAVIGNEUL.

Allons, viens, petite folle !

NOÉMI.

Adieu, Claude ! (Elle sort avec madame de Flavigneul. Claude-Marie ramasse ses livres et les remet dans ses poches.)

JOSEPH, riant en regardant Claude-Marie.

Qu'est-ce qu'il peut faire de tout ça ?...

CLAUDE-MARIE.

La !... (Il tire un journal et le montre à Joseph.) Encore papier !...

JOSEPH.

Le journal de madame !... Veux-tu me le rendre tout de suite ?

CLAUDE-MARIE.

Non... lire et compter ! lire et compter !... (Il se sauve. Joseph va courir après lui, lorsque Caussade paraît, suivi de Paul.)

SCÈNE III.

JOSEPH, CAUSSADE, PAUL.

CAUSSADE.

Madame de Flavigneul ?...

JOSEPH.

Madame est au salon avec le notaire... (Mouvement de Paul.)

CAUSSADE, après avoir vu ce mouvement.

C'est bien... nous nous y rendrons dans un instant... (Sortie de Joseph.) Voyons, Paul... soyez homme... songez que... de ce mariage dépendent votre position et votre fortune. Et pourquoi refuseriez-vous? pour un amour de jeune homme, une passion insensée?... Et... songez-y bien, Paul, pour la fille d'un homme taré, flétri par une accusation capitale...

PAUL.

Ah! mon père, vous oubliez que vous l'avez absous...

CAUSSADE.

Soit!... Mais il n'en est pas moins déshonoré... et son déshonneur rejaillit sur sa fille.

PAUL.

Elle! un ange de courage et de résignation, qui a si noblement refusé mes secours, mes bienfaits?...

CAUSSADE, avec force.

Mais, pendant que vous soupirez, elle vous oublie... elle se console... Votre ange ne craint pas de souiller ses ailes dans tous les cabarets, dans toutes les fêtes des environs...

PAUL.

Oh ! vous la calomniez, mon père !...

CAUSSADE.

Paul, je n'ordonne plus, je supplie... Je t'en conjure... réfléchis, et tu sentiras toi-même qu'une union avec la fille de Pierre Pujol serait insensée... Paul, mon enfant... oui, tu m'as trouvé parfois sévère... mais, tu le vois... je te supplie, au nom... au nom de ta mère morte!

PAUL, chancelant.

Mon père... qu'exigez-vous?...

ROUSSEL, paraissant.

Bonjour, monsieur Caussade!...

SCÈNE IV.

LES MÊMES, ROUSSEL.

CAUSSADE, étonné.

Roussel !

ROUSSEL.

Moi-même... Serviteur, monsieur Paul !...

CAUSSADE.

Que veux-tu ?...

ROUSSEL.

Vous dire quelques mots... en particulier... monsieur Caussade...

CAUSSADE, avec hauteur.

A moi?...

ROUSSEL.

Affaire d'urgence... Oh ! ne me refusez pas... trois secondes... et je vous rends à la société.

CAUSSADE,

Soit ! (A Paul.) Rejoins ces dames... dans quelques minutes je suis à toi... Allons, mon fils, du courage !

PAUL, à part, avec douleur.

Oh ! pauvre Jeanne ! pauvre Jeanne !... (Il sort.)

ROUSSEL.

Eh bien, monsieur Caussade, vous songez donc à établir votre fils ? Vous avez bien raison... allez... Le mariage, ça calme les jeunes gens... Et puis, on a une petite famille qui pousse... c'est gentil... Eh ! mon Dieu ! moi-même, je vais finir par là un de ces jours... Il n'y a que les bonheurs légitimes, monsieur Caussade...

CAUSSADE.

Allons, au fait !... Tu as à me parler... je t'écoute... dépêche-toi...

ROUSSEL.

Enfin, je vous trouve... Depuis deux mois que je vous cherche, ça n'est pas malheureux.

CAUSSADE.

Tu m'as cherché, toi ?...

ROUSSEL.

Plus de dix fois j'ai été à la forge dans l'espoir de vous rencontrer... mais, bah !... vous étiez en voyage... à Paris... à Lyon... je ne sais où... Attendons, que je me suis dit, faudra bien qu'il revienne un de ces quatre matins... Enfin, tout à l'heure, en arrivant au château pour faire mon petit négoce, j'ai appris que vous étiez de retour dans le pays depuis quelques jours... et que vous vous trouviez ici... chez madame de Flavigneul... qu'il retournait mariage, pour votre fils. Alors, je n'ai fait ni une ni deux... j'ai saisi l'occasion au collet, et me v'là... Et vous vous êtes toujours bien porté, monsieur Caussade ?... Moi de même... Je marche toujours... Mon médecin m'a recommandé l'exercice.

CAUSSADE.

Eh bien, après ?... Qu'as-tu à me dire ?... (Roussel regarde autour de lui comme pour s'assurer qu'ils sont bien seuls.) Pourquoi tout ce mystère ? T'expliqueras-tu, enfin ?

ROUSSEL.

Monsieur Caussade, j'ai une petite affaire à vous proposer...

CAUSSADE.

Une affaire ?

ROUSSEL.

Oui... Nous avons rarement fait marché ensemble... mais c'te fois, j'ai mis dans ma tête de vous vendre quelque chose... Entre négociants, faut bien s'aider un peu !

CAUSSADE.

Et, c'est pour un semblable motif que tu te permets de venir m'interrompre?... que tu me retiens?... (Il fait un mouvement pour sortir.)

ROUSSEL.

Un moment donc!... Vous ne savez pas de quoi il s'agit.

CAUSSADE.

Que m'importe!...

ROUSSEL.

C'est un objet précieux, une pièce curieuse, dont, j'en suis sûr, vous serez bien aise de faire emplette.

CAUSSADE.

Allons, drôle, c'est assez!... Je n'ai que faire de ta pacotille... je ne veux rien acheter.

ROUSSEL.

Pas même... un autographe de Simon?

CAUSSADE, s'arrêtant et tressaillant malgré lui.

Hein!... Un... autographe de Simon?...

ROUSSEL.

Oui... il avait la manie d'écrire, ce vieux bonhomme.

CAUSSADE.

Chut!... Plus un mot de cela ici...

ROUSSEL.

Soit... (On entend crier au dehors: « Vive maître de Flavigneul!) »

CAUSSADE.

Ces cris!...

ROUSSEL.

Ce sont les paysans à qui le château donne une fête... à cause de la signature du contrat... J'assisterai au dîner sur l'herbe!... J'aime les plaisirs champêtres!...

CAUSSADE, à part.

Une lettre de Simon!... (En ce moment Jeanne paraît au fond. Elle est pâle et ses vêtements sont misérables; à la vue de Roussel et de Caussade, elle s'arrête, puis se glisse sans être vue derrière un massif où elle demeure immobile et attentive. Caussade à voix basse.) Où te reverrai-je?

ROUSSEL, de même.

Dame!... chez vous... si vous voulez...

CAUSSADE.

Non... il est inutile qu'on te voie à la forge..

ROUSSEL.

Eh bien, alors, chez moi... à dix heures... après la fête... Dans ma cabane du bois de Reidac... un vrai nid de contrebandier... on peut causer sans être entendu...

CAUSSADE.

C'est bien... j'y serai...

ROUSSEL.

A dix heures?...

CAUSSADE.

A dix heures!...

ROUSSEL, haussant la voix.

Sapristi! Je savais bien que nous ferions une affaire ensemble.

CAUSSADE.

Adieu! (Il sort à droite.)

ROUSSEL.

Non pas... au revoir, monsieur Caussade!.. (A part en sortant.) V'là ce que c'est que d'avoir de la bonne marchandise. (Il disparaît à gauche, et Jeanne sort de derrière le massif.)

SCÈNE V.

JEANNE, puis CLAUDE-MARIE.

JEANNE, seule.

Roussel avec M. Caussade!... De quoi parlaient-ils? Quelle affaire peuvent-ils avoir ensemble? Ah! rien qui intéresse notre honneur, sans doute... Cependant ce Roussel... plus d'une fois mes soupçons se sont portés sur lui... Oh! je suis folle! je suis folle! Mais partout je cherche une trace, un indice... épiant, observant sans relâche... fréquentant les lieux de réunion... de plaisir... cherchant à pénétrer dans un mot, dans un regard, le secret que je poursuis... Et rien, rien encore n'est venu m'éclairer!... Oh! mon cher père, n'était-ce point assez qu'on eût donné à un autre ce relai de poste qui vous faisait vivre?... Faut-il encore que chacun s'éloigne de notre misérable demeure, en disant : « C'est la maison de Pierre Pujol, l'assassin? » Faut-il encore, oh! mon cher père! que vous travailliez aux champs comme un mercenaire, sous ce soleil qui vous brûle et vous tuera, et sans qu'une main amie vienne serrer la vôtre, comme pour vous dire : « Du courage! » (Essuyant ses larmes.) Eh bien, malgré tout, malgré le danger, malgré la mort, oui, cette mission sainte, je la poursuivrai jusqu'au jour où je pourrai dire à mon père : « Relève ce front courbé sous le mépris et la honte! Le meurtrier de Simon, je le connais, et ton honneur t'est rendu... Et vous, vous tous qui l'insultiez, chapeau bas, calomniateurs! Saluez Pierre Pujol l'honnête homme... inclinez-vous tous devant mon père! » (Tombant assise sur le banc du jardin.) Ah! j'aurais succombé sans doute avant d'accomplir ma tâche, si je n'avais eu auprès de moi cet ami qui s'est dévoué à mon malheur... (On voit paraître Claude-Marie qui regarde Jeanne en souriant.) Pauvre Claude-Marie! Oh! c'est là Providence qui a eu pitié de moi!

CLAUDE-MARIE, s'approchant d'elle.

Fatiguée?...

JEANNE.

Non... allons à la fête... viens !... (Elle essaye de se lever.) Ah! mes forces me trahissent... J'ai tant marché... il me semble parfois... que je vais mourir... (Elle chancelle.)

CLAUDE-MARIE, approchant vivement la bouteille de ses lèvres.

Boire! boire!... (Il la fait boire en lui soutenant doucement la tête.)

JEANNE, à Claude-Marie qui semble l'interroger du regard.

Merci, Claude-Marie!... Cela va mieux maintenant...

CLAUDE-MARIE.

Vin!... bon... bon!...

JEANNE.

Ah! comment pourrai-je jamais m'acquitter envers toi?... Mais je suis pauvre... je n'ai rien... Ah! si... Tiens! mon chapelet... prends-le, Claude-Marie... Maintenant, tu es sans douleurs et sans joies... mais un jour, si tu comprends et si tu souffres, tu penseras à moi, et tu pourras prier. (Elle lui donne le chapelet.)

CLAUDE-MARIE.

Prier!... prier!...

JEANNE.

Oui, car la prière, c'est la force... Par la prière, l'âme se détache de la terre et va se retremper dans le ciel...

CLAUDE-MARIE, souriant.

Prier! prier!... (Il va s'asseoir et prend un de ses livres.)

SCÈNE VI.

LES MÊMES, ROUSSEL.

ROUSSEL.

Tiens! voici mademoiselle Jeanne!

JEANNE, s'efforçant de sourire.

Oui... Je fais comme les autres... je viens pour la fête...

ROUSSEL.

Allons donc! ma foi, tant mieux!... J'aime à vous voir le cœur à la joie... D'ailleurs, ce qu'on a de mieux à faire, c'est d'oublier ceux qui nous oublient...

JEANNE.

Comment?...

ROUSSEL.

Vous ne savez pas que, dans une heure, M. Paul signe son contrat de mariage avec la demoiselle du château?

JEANNE, la main sur son cœur.

Si fait, Roussel, je le savais... Ah! M. Paul... est libre... il peut épouser... mademoiselle Noémi.

CLAUDE-MARIE, se levant.

Épouser!... (A Roussel.) Toi!... épouser Jeanne?... (Il le prend au collet.)

ROUSSEL.

Mais non... il n'est pas question de ça...

CLAUDE-MARIE, montrant son livre.

C'est moi... puisque... je vas lire... là... tiens, là... (Il montre une page.)

ROUSSEL.

C'est un Z...

CLAUDE-MARIE.

Un Z?...

ROUSSEL.

Oui... Quand tu connaîtras toutes tes lettres, je te payerai quelque chose... Va lire, mon vieux! va!

CLAUDE-MARIE.

Oui... pour épouser Jeanne... Un Z!.. (Il se rassied.)

ROUSSEL.

Eh bien, voyons, mam'selle, est-ce que vous ne vous marierez pas bientôt aussi?.. Quoique vous m'ayez rebuté plus souvent qu'à mon tour, je serais toujours disposé à vous prendre au mot si vous disiez oui.

JEANNE.

Vraiment?

ROUSSEL.

Sans compter que je suis en train de devenir un crâne parti...

JEANNE, devenant attentive.

Vous!... Et comment ça?...

ROUSSEL.

Ah! voilà!... affaire de chance!... Y en a d'aucuns qui ont parfois des secrets qui valent leur pesant d'or.

JEANNE.

Des secrets! Vous avez des secrets?

ROUSSEL.

Enfin, suffit!... Contentez-vous de savoir que demain matin je pourrais bien me trouver à la tête d'un joli magot.

JEANNE.

Je comprends!... Vous rêvez à quelque mauvais coup?

ROUSSEL, se frottant les mains.

Du tout... fi donc!... un simple marché!...

JEANNE.

Un marché que vous devez faire cette nuit?...

ROUSSEL.

Ce soir même... à dix heures...

JEANNE.

Ah!... Et... où donc?

ROUSSEL.

Chez moi, pardié!...

JEANNE, à part.

Chez lui!... à dix heures!...

ROUSSEL.

Ah! ah! ça vous fait réfléchir...

JEANNE.

Il y a bien de quoi... un mariage... une fortune... (On entend le bruit de la fête et de la danse.)

ROUSSEL.

Eh bien, mam'selle Jeanne, en attendant que vous vous décidiez à accepter ma main, prenez toujours mon bras, et venez faire un tour à la danse.

JEANNE, hésitant.

Moi?... (A part.) Quel peut être ce secret?... Mon Dieu, serait-ce un indice que vous m'envoyez?... (Elle va pour prendre le bras de Roussel.)

CLAUDE-MARIE, se levant.

Non... non!... pas toi!... (Il repousse Roussel loin de Jeanne.)

ROUSSEL, menaçant.

Ah! bête brute!...

JEANNE.

Oh! ne lui faites pas de mal... il m'aime tant!...

ROUSSEL.

Mais il vous aime trop!... C'est un chien enragé!...

CLAUDE-MARIE, prenant la main de Jeanne et repoussant Roussel.

Pas toi!... pas toi!... Moi!... moi!... Venez!... (Il sort avec Jeanne.)

ROUSSEL, les regardant sortir, et avec colère.

Elle se moque de moi... la coquette! Bah! ne songeons qu'à faire fortune!... Il se fait tard... allons à ma cabane de Reidac! (Il sort.)

SCÈNE VII.

NOÉMI, puis PAUL.

NOÉMI, s'avançant avec précaution.

« Je vous en prie, m'a-t-il dit à voix basse... soyez tout à l'heure près des massifs... il faut que je vous parle... » C'est presque un rendez-vous... Ah! je suis toute tremblante... C'est lui!...

PAUL, entrant, et à part.

Mon devoir est de tout lui avouer... (S'approchant.) Mademoiselle, combien je désirais être seul avec vous!...

NOÉMI, à part.

Il va me faire une déclaration!... Et ma tante qui n'est pas là!...

PAUL.

Mon Dieu! mademoiselle... (A part.) C'est très-embarrassant

à dire, cela!... (Haut.) Mademoiselle, vous méritez d'être aimée, d'être adorée... mais...

NOÉMI.

Mais?...

PAUL.

Pardonnez-moi ma franchise, mademoiselle, je suis un soldat... et je ne sais pas mentir.

NOÉMI.

Eh bien, monsieur... achevez!...

PAUL.

Eh bien, mademoiselle... je ne puis avoir d'amour pour vous.

NOÉMI.

Comment?

PAUL.

J'en aime une autre.

NOÉMIE.

Une autre... (A part.) Ah! mon Dieu! et moi... qui croyais... (Haut.) Mais, alors, monsieur... pourquoi donc avoir demandé ma main?

PAUL.

Mon père exigeait ce mariage... En le rompant, je m'expose à sa colère... mais je resterai fidèle à la pauvre Jeanne, que tout le monde repousse.

NOÉMI.

Jeanne?... C'est Jeanne que vous aimez?...

PAUL.

Depuis l'enfance... Et si je l'oubliais, maintenant qu'elle n'a plus que moi... Oh! j'en suis sûr, mademoiselle Noémi, vous ne m'estimeriez pas.

NOÉMI.

Monsieur Paul, vous avez raison; on ne doit pas oublier les malheureux... on ne doit pas les abandonner. Loin de vous en vouloir, je vous remercie, au contraire, de votre franchise... Vous êtes un loyal et noble cœur... Si j'avais un frère, je voudrais qu'il vous ressemblât... Voulez-vous être le mien? (Elle lui tend la main.)

PAUL.

Oh! de grand cœur!

NOÉMI, en souriant.

Quant à un mari... eh bien, j'ai dix-huit ans... je suis gentille... Qui sait? je trouverai bien quelqu'un qui m'aimera!...

PAUL.

Oh! n'en doutez pas!...

NOÉMI.

Ainsi, c'est bien convenu... nous voilà frère et sœur... Et, quant à la colère de votre père, ne craignez rien... je me charge de tout...

PAUL.

Comment?...

NOÉMI, mettant un doigt sur sa bouche.

Silence!... on vient!

SCÈNE VIII.

LES MÊMES, CAUSSADE, MADAME DE FLAVIGNEUL, JEANNE.

MADAME DE FLAVIGNEUL.

Noémi, le notaire attend pour lire le contrat... Viens, mon enfant...

CAUSSADE, à part.

Enfin!

JEANNE, à part, écoutant derrière un massif, à gauche.

Oh! mon Dieu! tout est donc fini pour moi!

NOÉMI.

Lire le contrat?... Oh! c'est bien inutile, ma tante... je ne le signerai pas.

CAUSSADE.

Comment?... (Mouvement général.)

MADAME DE FLAVIGNEUL.

Que dis-tu?

NOÉMI.

Je dis... que je ne veux pas me marier.

JEANNE, avec joie.

Ah!

CAUSSADE.

Mais, en vérité, cette résolution ne peut être sérieuse.

MADAME DE FLAVIGNEUL.

C'est un caprice d'enfant.

NOÉMI.

Non, non!... nos caractères ne s'accordent pas du tout... du tout.. du tout... N'est-ce pas, monsieur Paul? Pour se marier, il faut sympathiser, n'est-il pas vrai? Eh bien, nous ne sympathisons pas le moins du monde... N'est-ce pas, monsieur Paul? vous ne voudriez pas me rendre malheureuse! (Bas, en lui serrant la main.) Êtes-vous content de moi, mon frère?

PAUL, bas.

Oh! merci! merci, mademoiselle!

CAUSSADE, qui a vu ce mouvement.

Ils sont d'accord... (Haut.) J'espère, mademoiselle, que cette résolution n'est pas irrévocable?

NOÉMI.

Si fait, monsieur... Oh! j'ai du caractère, moi!

CAUSSADE.

J'aurai l'honneur de me représenter demain au château... Et malgré vous-même, mademoiselle, j'espère encore...

PAUL, apercevant Jeanne et à part.

Jeanne !... c'est elle !...

MADAME DE FLAVIGNEUL, bas à Noémi.

Décidément, tu es folle!

NOÉMI.

Non, ma chère tante... je n'ai jamais été plus sage et plus contente de moi... Je vous dirai tout... et vous m'embrasserez bien fort...

MADAME DE FLAVIGNEUL.

Allons... votre bras, monsieur Caussade... et rentrons.

CAUSSADE.

Rentrons! (Sortie.)

SCÈNE IX.

PAUL, JEANNE.

PAUL, avec joie.

Libre !... Jeanne! je suis libre !...

JEANNE.

Oh! j'étais forte contre le malheur, mais cette joie me brise...

PAUL.

Que m'importe l'opinion? que m'importe la flétrissure des hommes? Je ne relève que de mon cœur qui me dit : « Tu as raison ! » Jeanne, consens à être à moi !

JEANNE, troublée.

Un mariage?... Oh! c'est impossible... J'ai juré... et puis, ma vie n'appartient-elle pas à mon père?..

PAUL.

Eh bien, poursuis ta tâche!... mais je te le jure encore, ma Jeanne, tu seras ma femme, car je t'aime, je t'aime... (Il la serre dans ses bras et l'embrasse. Claude est entré par le fond, il a vu ce mouvement, un cri s'arrête dans sa gorge, il demeure immobile, la lèvre frémissante, et chancelant.)

JEANNE.

Quelqu'un ! (Elle se sauve.)

PAUL.

Courage Jeanne!... A bientôt! (Il sort.)

SCÈNE X.

CLAUDE-MARIE, seul, puis JOSEPH et DES DOMESTIQUES.

CLAUDE-MARIE, montrant la place où étaient Paul et Jeanne.

Ah! ah! Jeanne! Jeanne!... lui... embrasser! (Avec colère.) Ah!

ah ! j'étouffe... du feu... du feu... là... là... ah! ah ! (Les larmes lui viennent peu à peu.) Ah! je pleure... je pleure !... je suis bien content... je pleure!... (Les domestiques paraissent.)

JOSEPH.

Tiens ! le crétin ! Dis donc, toi... la fête est finie... il faut t'en aller, mon garçon.

CLAUDE-MARIE.

M'en aller... oui !... oui!... je veux ben... (Chantant à travers ses larmes.)

Ahou! quelles belles filles
Chez nous on peut voir ,
Avec leurs capuches rouges,
Qui vont au lavoir!...

Ah! je suis ben content... ben heureux... je pleure... je pleure ! (Il sort. — Les domestiques rient de Claude-Marie qui s'éloigne en chantant et en pleurant toujours.)

CINQUIÈME TABLEAU

Le théâtre est coupé en deux d'une manière à peu près égale : à droite, adossée à la montagne que l'on aperçoit au-dessus du toit, est la cabane du colporteur; c'est une masure faite de bois et de paille; la porte de la cabane est sur le côté, à gauche. Au deuxième plan, près de la porte, une fenêtre un peu élevée, et dont la partie inférieure est garnie de mauvais contrevents; un ravin desséché, une espèce de fondrière, creusée par les eaux qui viennent de la montagne, passe au-dessous de la fenêtre. L'autre partie du théâtre représente un bois de sapins. — Il fait nuit ; de gros nuages, chassés par un vent d'orage, laissent de temps en temps, pendant le cours du tableau, apercevoir la lune, qui éclaire alors l'extérieur de la cabane.

SCÈNE PREMIÈRE.

ROUSSEL, seul.

(Le colporteur, son ballot sur l'épaule et chantant un air montagnard, allume sa chandelle. Des éclairs sillonnent le ciel et l'on entend au loin le grondement du tonnerre.

Caramba !... On fait de la musique là-haut ! L'orage ne tardera pas à éclater !... Par bonheur me voilà chez moi... (Il se débarrasse de son ballot.) Brrr !... l'averse que j'ai reçue en route ne m'a pas réchauffé... Un petit feu de bourrée ne serait pas du luxe. (Il met des branches sèches dans la cheminée et allume du feu tout en parlant) Cette mijaurée de Jeanne ! quand j'y pense, je me sens la rage dans le cœur... me dédaigner ! refuser de devenir ma femme... elle, une fille tombée dans le mépris!.. la fille d'un homme déshonoré!.. Elle me refuse... Et pour qui?... pour un amoureux qui se moque d'elle... qui certainement ne l'épousera pas!... Voilà bien les femmes!... Si jamais je puis me verger... (Se calmant.) Bah! oublions ça... ne songeons plus qu'à mes affaires. (On entend sonner l'heure dans l'éloignement, à l'église du village.) Dix heures!... M. Caussade ne peut tarder à venir. En attendant, pour prendre patience, fumons une pipe... (Il s'assied près du feu, bourre une pipe... Après un moment de silence.) Il n'arrive pas!... Se serait-il ravisé... ou l'orage l'aurait-il empêché de se mettre en chemin?... Bah!... je crois qu'il doit avoir encore plus peur de mes paroles que du mauvais temps. (Pendant ces derniers mots, un homme a paru dans le bois, cherchant à se reconnaître au milieu de l'obscurité.)

SCÈNE II.

ROUSSEL, dans la cabane; CAUSSADE, dans le bois. Il porte un costume d'ouvrier forgeron. Un grand chapeau, rabattu sur ses yeux, laisse à peine voir son visage noirci de fumée.

CAUSSADE, à lui-même.

Cette cabane... si je ne me trompe, ce doit être la sienne. (Il s'approche et frappe à la porte avec son bâton.)

ROUSSEL, se levant vivement.

Ah! j'entends frapper!... C'est lui!... (Il va ouvrir; mais recule, étonné, à l'aspect du visiteur.) Hein!... Qui êtes-vous?... que voulez-vous?

CAUSSADE.

Allons, ne crains rien... c'est moi. (Il entre.)

ROUSSEL.

Monsieur Caussade!.. Du diable si je vous aurais reconnu! (Il referme la porte et revient à lui.) Singulier accoutrement!

CAUSSADE.

J'ai jugé prudent de le prendre. Je pouvais être rencontré en venant chez toi... On se fût demandé ce que monsieur Jacques Caussade, le riche maître de forges, pouvait avoir à faire chez Roussel, le contrebandier... Cette démarche n'eût pas manqué de paraître étrange... d'éveiller la curiosité, les soupçons... tandis qu'un ouvrier forgeron traversant le bois, cela semble tout naturel... et personne ne fait attention à lui... c'est ce que je voulais.

ROUSSEL.

Je comprends!... « Prudence, comme on dit, est mère de sûreté... »

CAUSSADE, s'asseyant.

Ah çà! je ne suis pas venu pour t'entendre débiter des

proverbes... Je suis pressé d'en finir... Tu as, m'as-tu dit, un papier à me vendre... Où est ce papier ?

ROUSSEL.

Vous allez le voir !... (Pendant que le colporteur va ouvrir son ballot qu'il a déposé dans un coin, on voit paraître Jeanne dans le bois ; elle s'avance avec précaution, regardant autour d'elle et cherchant à étouffer le bruit de ses pas.)

JEANNE, à part, apercevant la cabane.

C'est là !... (Elle s'approche doucement et cherche à voir par les fentes de la porte.) Le colporteur est chez lui... il y a de la lumière.

CAUSSADE, à Roussel.

Eh bien ?...

ROUSSEL, revenant avec le papier.

Voilà l'objet, lisez vous-même. (Il le lui donne.)

JEANNE, à part.

Il n'est pas seul. (Caussade a pris le papier, il l'ouvre et tressaille.)

ROUSSEL, pendant que Caussade lit.

Et vous qui me faisiez, il y a deux mois, à l'auberge, raconter l'histoire de l'idiot... farceur !

JEANNE, regardant à la porte.

Oui, oui, je ne me trompais pas, il y a quelqu'un avec lui... un ouvrier... il lit un papier...

ROUSSEL, s'asseyant à la table, en face de Caussade.

Eh bien, que dites-vous de ça ?

JEANNE, à part.

Impossible de distinguer son visage.

ROUSSEL, à Caussade.

Convenez que je ne vous ai pas surfait l'article, et que ce griffonnage-là vaut plus que son pesant d'or.

CAUSSADE, qui a semblé réfléchir.

Tu te trompes !... (Jetant le papier au milieu des branches qui flambent dans la cheminée.) Il ne vaut rien !...

JEANNE, à part.

Que fait-il ?... (Roussel reste impassible et regarde tranquillement le papier se consumer.)

CAUSSADE, d'un air de triomphe.

Eh bien, maître Roussel, qu'en dis-tu à ton tour ?...

ROUSSEL.

Je dis que vous venez de vous donner une peine inutile.

CAUSSADE.

Comment ?

ROUSSEL.

Me croyez-vous donc assez bête pour me fier à vous ? Le papier que vous venez de jeter au feu n'était qu'une simple copie... j'ai encore l'original.

CAUSSADE, portant la main à sa poche pour y chercher un couteau catalan qu'il ouvre.

Misérable !...

ROUSSEL, tirant un pistolet de sa poche.

La!... la!... du calme, s'il vous plaît!

CAUSSADE, les dents serrées.

Cet original, il me le faut... je le veux!... Où est-il?

ROUSSEL, tranquillement.

Chez maître Ferréol, notaire à Tarbes... sous une enveloppe fermée de trois cachets de cire noire, et sur laquelle est écrit : « Testament de Jean-Isidore Roussel. » Si je venais à décéder, on l'ouvrirait. — Ainsi, pas de bêtises!... serrez le joujou que vous venez de tirer de votre poche... vous vous perdriez en me tuant... J'ai pris mes sûretés; je suis en règle!

CAUSSADE, fermant son couteau et le remettant dans sa poche.

Allons, je vois qu'il faut transiger.

ROUSSEL, mettant son pistolet dans sa poche.

Sans façons... c'est ce que vous avez de mieux à faire.

JEANNE, à part.

Ah! cette fenêtre... si je pouvais y atteindre... Mais ce ravin... cette fondrière... N'importe, essayons... essayons toujours!... (Elle se laisse, sans faire de bruit, glisser dans le ravin ; bientôt on la voit reparaître se cramponnant aux inégalités du mur. Enfin, après mille efforts, elle parvient à se hausser jusqu'à la fenêtre, où elle se maintient en se soutenant à l'aide des lianes qui pendent du toit, tandis que dans la cabane le dialogue continue.)

CAUSSADE, se rasseyant.

Voyons... combien veux-tu?

ROUSSEL, de même.

La somme que j'ai toujours ambitionnée pour me retirer du commerce et vivre tranquillement comme un honnête bourgeois... en plantant mes choux. — Vingt mille francs.

CAUSSADE.

Tu les auras contre la remise de cet écrit... Viens demain les prendre chez moi.

ROUSSEL.

Chez vous? Non pas!... je me méfie... Le loup dans son repaire a trop d'avantages.

CAUSSADE.

Où donc alors? (Jeanne est arrivée à la fenêtre. — Le bruit de l'orage recommence.)

ROUSSEL.

Tenez... dans deux jours. Samedi, c'est jour de marché à Tarbes... trouvez-vous-y!... j'irai!... et là, au grand jour, sur la grande place, nous conclurons l'affaire... à la face du ciel... et de la gendarmerie... Vous vous approchez de moi comme pour m'acheter quelques bibelots... Je vous passe le papier... vous me remettez l'argent... On ne sait ni ce que je vous vends, ni ce que vous me donnez... Le tour est fait, et tout le monde n'y a vu que du feu.

CAUSSADE, se levant.

Soit!...

JEANNE, à la fenêtre.

Le bruit de l'orage m'empêche d'entendre leurs paroles.

ROUSSEL.

A samedi donc!...

CAUSSADE.

A samedi!... (Il prend son bâton et va pour sortir.)

ROUSSEL.

Attendez que je vous éclaire et que je vous fasse un bout de conduite. (Il allume une lanterne.)

JEANNE, à part.

Ah! mon Dieu!... ils vont sortir... me voir!... (Elle veut descendre, mais la branche à laquelle elle se soutenait se casse. Elle pousse un cri étouffé.) Ah! (Elle tombe dans le ravin.)

CAUSSADE, avec crainte.

Ce bruit!... Qu'est-ce donc?

ROUSSEL, tout en allumant sa lanterne.

Quelque branche de sapin que le vent aura brisée.

CAUSSADE.

Si quelqu'un nous avait entendus?...

ROUSSEL, allant ouvrir la porte et regardant au dehors.

Eh non!... personne! Voyez plutôt... Allons, venez!... (Caussade sort de la cabane et s'éloigne avec Roussel qui l'éclaire. Ils disparaissent par le fond du bois, à gauche. Alors on voit reparaître au-dessus du ravin Jeanne étourdie, brisée par la chute qu'elle vient de faire. Son front est déchiré, sanglant; elle se soulève avec peine. Ses forces paraissent épuisées.)

SCÈNE IV.

JEANNE, seule.

Grâce au ciel, ils se sont éloignés!... S'ils m'avaient vue, j'étais perdue!... Quel est cet homme?... Quel intérêt l'amenait ici?... Je n'ai pu voir ses traits... Je n'ai pu saisir que quelques mots de leur entretien... mais un pressentiment me dit que je suis enfin sur la trace du secret que je cherche... une voix me crie que je tiens le fil qui doit me conduire à la découverte de la vérité... Le laisserai-je échapper?... Non!... non!... Je dois... je veux me dévouer jusqu'au bout... je m'efforcerai de connaître le nom de l'homme qui était là... Je saurai le secret qu'il y a entre Roussel et lui!.. (On entend un bruit de pas.) Le voilà!... il revient!... Allons, de la résolution!... du courage!... (Elle entre résolûment dans la cabane.)

SCÈNE V.

JEANNE, dans la cabane, ROUSSEL reparaissant dans le bois.

ROUSSEL, à lui-même.

Voilà une affaire arrangée... et dans deux jours... (Il entre dans la cabane et reste stupéfait en apercevant la jeune fille.) Jeanne!... Vous ici... chez moi?

JEANNE, affectant de sourire.

Ma présence vous étonne, monsieur Roussel?

ROUSSEL.

J'avoue qu'aux termes où nous en sommes... je ne m'attendais pas...

JEANNE.

Quoi de plus simple?... Ne faut-il pas traverser le bois pour se rendre chez mon père?... Le bruit de l'orage m'a effrayée...

ROUSSEL, avec ironie.

Vous êtes peureuse?

JEANNE.

Oui, j'en conviens... j'ai peur du tonnerre... Et, me trouvant près de votre demeure, j'ai pensé que vous ne me refuseriez pas un abri pour quelques instants...

ROUSSEL.

Comment donc!... enchanté!... (A part.) Chez moi... au milieu de la nuit... elle, cette beauté si fière, si dédaigneuse!... Hum!... hum!... (A Jeanne, avec empressement.) Asseyez-vous, Jeanne... reposez-vous!

JEANNE.

Volontiers!... car la danse... et puis le chemin que je viens de faire, tout ça m'a un peu fatiguée...

ROUSSEL, apercevant le sang qu'elle a au front.

Mais vous êtes blessée!...

JEANNE.

Moi?....

ROUSSEL.

Oui... au front... vous avez du sang!...

JEANNE, y portant la main.

Oh! ce n'est rien... une égratignure... je me serai heurtée aux buissons... (S'essuyant le front avec son mouchoir et affectant la gaieté.) Tenez! il n'y paraît déjà plus!...

ROUSSEL.

Mais, j'y pense... peut-être ne seriez-vous pas fâchée de manger un morceau... moi-même je me sens en appétit... Voulez-vous me faire l'amitié de souper avec moi?

JEANNE.

Oh! non... non... merci ! Souper avec vous ! Qu'est-ce qu'on dirait dans le village, si l'on venait à savoir ça?

ROUSSEL.

Bah!... on ne le saura pas! D'ailleurs, n'avez-vous pas un moyen d'imposer silence aux faiseurs de caquets? N'avez-vous pas qu'un mot à dire pour devenir ma femme?...

JEANNE.

Certainement... je sais bien ça, mais...

ROUSSEL.

Allons, acceptez!... Ça m'engage à rien... Nous causerons à table de nos projets... Et, qu'est-ce qui sait?... peut-être bien qu'en buvant, en mangeant, mes affaires iront leur train... et qu'à la fin du repas vous serez moins cruelle.

JEANNE, à part.

C'est peut-être le moyen d'apprendre ce que je veux savoir... Le vin rend plus bavard, plus confiant...

ROUSSEL.

Eh bien, voyons, mam'selle Jeanne, que dites-vous de ma proposition?

JEANNE.

Eh bien!... (A part.) Il s'agit de l'honneur de mon père! (Haut.) Eh bien... j'accepte.

ROUSSEL.

Bravo!... (A part.) Je la tiens! (Haut et gaiement.) En ce cas, mettons le couvert.

JEANNE, affectant aussi l'enjouement.

Oui, c'est ça!... mettons le couvert! (Ils vont au buffet et apportent des assiettes, des verres, qu'ils mettent sur la table.)

ROUSSEL.

Ah! dame, faudra m'excuser si je ne vous traite pas mieux... Je ne prévoyais pas que j'aurais le bonheur de vous avoir pour convive... Si je l'avais su, j'aurais mis les petits plats dans les grands...

JEANNE, gaiement.

Bah! je ne suis pas difficile!... Et puis, l'appétit assaisonne le festin.

ROUSSEL.

Du reste, le vin ne manquera pas... J'en ai là une provision de plusieurs bouteilles derrière les fagots... Et du vin d'Espagne encore!

JEANNE, riant.

Il n'a pas payé de droits aux douaniers, celui-là?

ROUSSEL, apportant les bouteilles.

Eh! eh! vous l'avez dit!... Allons, à table!

JEANNE.

A table!...

ROUSSEL.

Et buvons!...

JEANNE.

Attendez!... je vais vous servir. (Elle verse.)

ROUSSEL.

A votre santé, mam'selle Jeanne!...

JEANNE.

Merci, monsieur Roussel!

ROUSSEL.

Et à celle de nos amours!

JEANNE.

Oh! quant à ça, c'est différent!

ROUSSEL, tout en mangeant.

Pourquoi donc? Est-ce que je n'en vaux pas un autre? Plus laid que moi n'est pas laid, je m'en flatte... Et, avec ça, pas boudeur à la fatigue, au travail....

JEANNE.

Sans doute... vous avez des qualités...

ROUSSEL.

J' crois ben!

JEANNE.

Mais...

ROUSSEL.

Mais quoi?... Voyons!

JEANNE, mangeant à peine.

Écoutez donc, si je me mariais... je voudrais, avant tout, un mari confiant... un mari qui n'aurait pas de secrets pour moi.

ROUSSEL.

Est-ce que j'en ai, des secrets?

JEANNE, lui versant à boire.

Certainement!... vous êtes un cachottier.

ROUSSEL.

Moi?...

JEANNE.

Pas plus tard que tantôt, vous me parliez d'une affaire...

ROUSSEL.

C'est vrai, d'une affaire qui doit m'enrichir.

JEANNE.

Eh bien, cette affaire, quelle est-elle?

ROUSSEL.

Curieuse!... (Levant son verre.) A vot' santé! (Il boit.)

JEANNE.

La!... vous voyez bien!... Vous ne répondez pas!

ROUSSEL.

Je ne peux pas vous dire ça... vrai!... ça n'est pas mon secret. Si vous étiez ma femme, je ne dis pas, parce qu'alors... Mais, avant ça, impossible! motus!

JEANNE, remplissant son verre.

Et c'est sans doute pour cette belle affaire que venait

l'homme que j'ai vu s'éloigner avec vous quand je suis arrivée ?

ROUSSEL.

Tiens!... vous avez vu?... C'est drôle, je ne vous ai pas aperçue, moi !...

JEANNE, avec un peu d'embarras.

Ah ! c'est que... je venais de l'autre côté... par le petit sentier de la montagne...

ROUSSEL.

C'est donc ça !... Eh bien, oui, c'est pour c'tt' affaire-là qu'il venait.

JEANNE.

Et cet homme, quel est-il ? Est-ce quelqu'un du pays?...

ROUSSEL.

Peut-être.

JEANNE.

Ah !... Et... son nom ?

ROUSSEL, buvant encore.

Fine mouche !... Avouez que vous voulez me faire jaser !... mais vous ne saurez rien... Bigre ! il y aurait de quoi envoyer un homme devant la justice !...

JEANNE.

La justice !... Mais il s'agit donc de quelque chose de bien grave ?... d'un crime ?

ROUSSEL, semble hésiter un moment, puis remplissant son verre.

Allons, allons, assez causé !... Buvons !...

JEANNE, à part, avec douleur.

Il ne parlera pas !

ROUSSEL.

A votre santé, ma commère !

JEANNE, écoutant.

Chut !

ROUSSEL.

Quoi donc ?

JEANNE.

N'entendez-vous pas ?... Ce bruit... ces chansons...

ROUSSEL.

Bon !... je devine... ce sont les paysans qui reviennent du château.

JEANNE.

Mon Dieu !... s'ils allaient entrer ici... me trouver avec vous.

ROUSSEL.

Ne craignez rien... la clef est en dedans ! Achevons tranquillement de souper. (Il se verse à boire. Jeanne écoute avec anxiété. Le bruit des voix se rapproche et devient plus distinct.)

PLUSIEURS VOIX, chantant en dehors une chanson patoise.

Bos t'en louga jantillo pastourelléto,
Bos t'en louga per monbestia gouarda.

O oui, moussu, joum longarey,
Bosté bestia joum gouardarey,
Bestia joum guardarey!

(Sur la fin de ce couplet, les paysans, parmi lesquels est Castalou, ont paru dans le bois, venant du fond à droite.

SCÈNE VI.

ROUSSEL et JEANNE dans la cabane, CASTALOU et LES PAYSANS en dehors.

CASTALOU, s'arrêtant.

Dites donc! nous v'là devant la cabane du colporteur! Si nous entrions boire un coup. Il doit être chez lui à cette heure-ci... Ohé! Prohibé!

TOUS, appelant.

Prohibé!...

JEANNE, bas à Roussel.

Au nom du ciel, ne répondez pas!

CASTALOU.

Ah çà! est-ce qu'il est sourd?... Pourtant, il y a quelqu'un... j'aperçois de la lumière à travers la porte.

TOUS.

Ouvre donc... Prohibé! ouvre donc!

CASTALOU, qui a regardé par la serrure, revenant aux paysans, et à voix basse.

Oh! les amis, il y a du sexe.

TOUS.

Ah bah!

CASTALOU.

Eh oui! je viens d'apercevoir un cotillon.

TOUS, riant.

Un cotillon!... (Criant.) Eh! colporteur!

CASTALOU.

Part à deux!

LES PAYSANS.

Part à nous tous!... A chacun un baiser!

JEANNE, à part.

Quelle honte, mon Dieu!... quelle honte!...

CASTALOU, qui a regardé de nouveau par la serrure.

Eh! mais, qu'est-ce que je vois là?

TOUS.

Quoi donc?

CASTALOU, bas.

C'est Jeanne Pujol!

TOUS.

Jeanne Pujol!...

CASTALOU.

Va-t-on rire dans le pays!

TOUS.

Ah! oui!... oui!...

CASTALOU, après un moment.

Allons, puisqu'il ne répond pas, en route! Bonne chance, Prohibé!...

TOUS, riant.

Bonne chance!... (Ils s'éloignent par la hauteur, en reprenant leur chanson, qui finit par s'éteindre dans l'éloignement.)

SCÈNE VII.

JEANNE, ROUSSEL.

JEANNE.

Ils s'éloignent... Enfin, ils sont partis!...

ROUSSEL, qui n'a cessé de boire.

Nous v'là seuls!... (Il se lève et s'avance vers Jeanne, le visage enflammé et les bras ouverts.) Et maintenant, la belle...

JEANNE, reculant avec effroi.

Qu'avez-vous?... que voulez-vous?...

ROUSSEL, en proie à l'ivresse.

Ce que je veux?... Caramba!... je veux que tu m'embrasses!

JEANNE.

Non!... non!... Laissez-moi!... Je veux partir!...

ROUSSEL, lui barrant le passage et retirant la clef, qu'il met dans sa poche.

Partir?... Non pas!... Tu m'as dédaigné... mais à présent, t'es chez moi, en mon pouvoir... tu ne t'en iras pas! (Il s'avance vers elle.)

JEANNE, essayant toujours de lui échapper.

Par grâce! par pitié!...

ROUSSEL.

Je vois ce que c'est!... Tu me boudes... parce que je n'ai pas voulu te dire mon secret?

JEANNE, s'arrêtant, à part.

Quel espoir!... (Haut, et d'une voix ferme.) Eh bien, oui... c'est pour ça!

ROUSSEL.

Et... si je te le confiais, tu m'embrasserais?

JEANNE.

Oui.

ROUSSEL.

Et... tu serais ma femme?

JEANNE, faisant un effort.

Et... je serais votre femme.

ROUSSEL, prêt à parler.

Eh bien!... (Riant tout à coup.) Ah! ah! ah!... tu me tends un piége...

JEANNE.

Un piége!... moi?

ROUSSEL, avec force.

Oui, un piége... comme lui... tout à l'heure.

JEANNE, avidement.

Lui! l'homme qui était là?

ROUSSEL.

Oui, lui... qui voulait que j'aille le trouver... à la forge.

JEANNE, à part.

La forge!

ROUSSEL.

Mais, tu ne sauras rien!... Je ne parlerai pas, mille tonnerres!... Et tu m'embrasseras tout de même... tu resteras avec moi!...

JEANNE.

Ah! mon Dieu!... Et je suis seule avec lui!... personne ne peut m'entendre!... personne ne peut venir à mon secours!... (Voyant Roussel qui s'approche d'elle et veut la saisir dans ses bras.) Ah! grâce!... grâce!... je vous en conjure!

SCÈNE VIII.

LES MÊMES, CLAUDE-MARIE.

CLAUDE-MARIE, qui, depuis un instant, vient de paraître dans le bois, s'arrêtant, et à lui même.

Jeanne!... la voix de Jeanne!

ROUSSEL.

Grâce?... Non!... non!... tu seras à moi. (Il la saisit.)

JEANNE, jetant un cri d'angoisse.

Ah! (Claude-Marie s'est approché de la porte; d'un vigoureux coup d'épaule, il la jette en dedans et s'élance vers Roussel, qu'il sépare de Jeanne. — Jeanne se jette au cou de Claude-Marie.) Claude-Marie!...

ROUSSEL.

L'idiot!...

CLAUDE-MARIE.

Oui... j'ai entendu, c'est moi... me v'là... (Riant.) Eh!... eh!... (Roussel s'approche pour ressaisir Jeanne, Claude-Marie le prend à la gorge; ils luttent pendant que Jeanne s'échappe.)

JEANNE.

Ah! je suis sauvée!... (Elle s'élance vers la porte.)

CLAUDE-MARIE, après avoir renversé Roussel, qui, en proie à l'ivresse, n'a presque plus la force de se relever.

Il m'a pas battu!... il m'a pas battu!... (Jeanne disparaît sur la hauteur, Claude-Marie se met à rire.)

ACTE QUATRIÈME

SIXIÈME TABLEAU

L'intérieur de la forge de Jacques Caussade.

SCÈNE PREMIÈRE

MATHIAS, GAVELOT et autres OUVRIERS, puis ANDOCHE.

(Au lever du rideau, les ouvriers sont à l'ouvrage; les travaux sont en pleine activité.)

MATHIAS.

Allons, les enfants!... du courage!... Achevons vite la besogne, pour aller sauter à la noce de la Mariette et du brigadier!... (Ils frappent sur les enclumes avec leurs marteaux, d'autres mettent au feu les fers.)

GAVELOT, s'interrompant.

Eh ben!... oùs qu'est donc l'apprenti?

TOUS.

Ohé! l'apprenti!... ohé!...

ANDOCHE, entrant.

Me v'là... me v'là!... Qu'est-ce qu'il faut vous servir?...

TOUS, riant.

Ah! ah! ah!

ANDOCHE.

Ah! c'est-y bête! je me croyais encore à l'auberge de ce pauvre père Pujol. (On rit.)

MATHIAS.

Qu'est-ce que tu faisais donc par là, flâneur?

ANDOCHE.

Eh ben! je m'occupais à regarder l'idiot... qu'est là assis dans la cour...

MATHIAS.

Oui, depuis tantôt deux mois... il a choisi la forge pour son hôtel garni...

GAVELOT.

C'est pas étonnant... on lui donne la pâtée et la niche...

ANDOCHE.

Il couche ici?

MATHIAS.

Dans la grange... sur une belle botte de paille.

ANDOCHE, désignant la porte de droite.

Tenez, le voyez-vous d'ici ?... Le v'là qui regarde dans un livre... Est-y bête !... à son âge, il ne sait pas encore lire !

MATHIAS.

Eh ben, et toi ?...

ANDOCHE, naïvement.

Moi non plus.

MARIETTE.

Par ici, mes amis, par ici !

MATHIAS.

Tiens !... v'là la mariée !...

SCÈNE II.

LES MÊMES, BAUDRIER, en grand uniforme et le bouquet au côté; MARIETTE, en toilette de mariée, CASTALOU, GENS DE LA NOCE.

MARIETTE, entrant fièrement au bras de Baudrier.

Oui, c'est moi... avec mon mari.

TOUS.

Vivent les mariés !

MARIETTE, leur serrant la main.

Merci, mes amis, merci !

BAUDRIER.

Nous sommes touchés de ces protestations unanimes et non équivoques.

MATHIAS.

Dites donc, en attendant le repas et le rigodon, peut-on vous offrir de vous rafraîchir ?

BAUDRIER ET LES GENS DE LA NOCE.

Volontiers, volontiers !

MATHIAS.

Allons, Pierre, du vin et des verres !

UN OUVRIER.

Voilà !

GAVELOT.

Et en avant la ronde des forgerons !

TOUS.

Oui, oui, la ronde des forgerons !

ANDOCHE.

Attendez, je vas vous roucouler ça.

MATHIAS.

Tu sais donc chanter, toi ?

ANDOCHE.

Moi ?... On m'a surnommé le rossignol des Pyrénées.

TOUS.

Alors, vas-y !

ANDOCHE.

On y va! on y va ! (On verse, on boit.)

I.

Écoutez le bruit de l'enclume,
Des lourds marteaux, tapant, frappant.

TOUS.

Pan, pan !

ANDOCHE.

Sous les soufflets le feu s' rallume.
Quels sont ces démons travaillant?...

TOUS.

Pan, pan !

ANDOCHE.

C'est les forgerons à l'ouvrage,
Le fer au feu, l'outil en main,
Qui, pour se donner du courage,
Chantent gaiement leur vieux refrain :
Frappons! (*bis*.)
Forgeons
Et travaillons,
Rudes forgerons,
Comme des francs lurons!

REPRISE ENSEMBLE, avec le bruit des marteaux.

MARIETTE.

A moi !... Second couplet !...

TOUS.

Attention!...

MARIETTE.

II.

Voulez-vous, dans le mariage,
Éviter ce bruit discordant?

TOUS.

Pan, pan !

MARIETTE.

Que le mari, dans son ménage,
Ne prenne pas de supplément.

TOUS.

Pan, pan !

MARIETTE.

Sans quoi, pour punir l'infidèle,
Se rappelant ce refrain-là,
L'épouse, tendre tourterelle,
A coups de poing lui chantera :
Frappons! (*bis*).
Forgeons!
Et travaillons,
Rudes forgerons,
Comme de francs lurons!

REPRISE ENSEMBLE.

BAUDRIER.

A mon tour!... Troisième couplet!

TOUS, en riant.

Oui, oui !... au brigadier !...

BAUDRIER.

Réponse galante du berger à la bergère.

III.

L'heureux époux, tendre et docile,
Ne s' permettra pas un instant...

TOUS.

Pan, pan!

BAUDRIER.

Il sera d'une humeur facile,
Et comme un caniche constant.

TOUS.

Pan, pan!

BAUDRIER.

Beau guerrier que l'amour désarme,
Rêvant des mioch's, gage d'amour,
Chacun entendra le gendarme
A sa moitié dir' chaque jour :
Aimons! (*bis.*)
Forgeons
Et travaillons,
Rudes forgerons,
Comme de francs lurons!

REPRISE ENSEMBLE.

TOUS.

A la santé de la mariée!

MARIETTE.

Merci, merci, mes amis!

MATHIAS, à Mariette.

Et comme ça, vous nous quittez donc, la pointeuse ?...

MARIETTE.

Oui... je viens dire adieu aux amis, au patron et à ma petite chambre que j'ai habitée si longtemps... Et demain, dès l'aube, je vais être chez moi, dans mes meubles... et tenir un bureau de tabac à Tarbes, sur la place du Marché... au bord du Gave... Ah çà ! dites donc, j'aurai votre pratique, au moins ?

TOUS.

Ah ! c'tte bêtise !

MARIETTE.

Et M. Paul... comment qu'y va ?...

MATHIAS.

Toujours brouillé avec le père...

BAUDRIER.

Quand j'aurai des enfants... je ne me brouillerai jamais... Pas vrai, ma Nini ?...

MARIETTE.

Silence, Placide !... M. Paul brouillé?... à cause donc ?...

MATHIAS.

Paraîtrait qu'il a refusé d'épouser la demoiselle du château.

MARIETTE.

Il reste fidèle à Jeanne... A la bonne heure !... v'là ce que c'est que d'aimer... (Pinçant Baudrier.) Entendez-vous, vous ?

BAUDRIER, sentencieusement.

Chacun aime selon son accabit et ses avantages personnels.

CASTALOU.

C'est égal... moi je dis que M. Paul a bien tort de dédaigner un bon parti pour une jeunesse qui n'en vaut pas la peine.

MARIETTE.

Allons donc !... Jeanne est une honnête fille...

CASTALOU.

Et moi je vous dis qu'elle a un amoureux...

MARIETTE.

Par exemple !... (Paul paraît et écoute.)

CASTALOU.

On en sait long sur son compte... Je vous dis qu'elle a un amoureux.

PAUL, s'avançant.

Et moi je dis que tu mens !

TOUS.

Monsieur Paul !

SCÈNE III.

LES MÊMES, PAUL.

PAUL.

Tu vas rétracter à l'instant tes paroles, tes calomnies... ou sinon...

CASTALOU.

Pardon, monsieur Paul, si j'avais su que vous étiez là, j'aurais retenu ma langue... mais, enfin, je n'ai dit que la vérité.

PAUL.

Quoi ! misérable, tu oses soutenir ?...

CASTALOU.

J'ai vu... oui, monsieur Paul... j'ai vu !... hier au soir... il pouvait bien être dix heures et demie... en passant par le bois, j'ai vu Jeanne Pujol soupant avec Roussel, tête à tête dans sa cabane...

MARIETTE.

Avec le Prohibé ?... Allons donc !... vous êtes fou.... Est-ce que c'est possible ?...

CASTALOU.

Quand je vous dis que je l'ai vue... et que dix personnes l'ont vue comme moi.

MARIETTE.

Ne le croyez pas, monsieur Paul... C'est tous des menteurs... oui... des menteurs...

PAUL, à lui-même.

Oh !... cette trahison est impossible !... Ce misérable a menti lâchement.

ANDOCHE, regardant au fond.

Ah ! mon Dieu !...

TOUS.

Quoi donc ?

ANDOCHE.

Mais je ne me trompe pas !... c'est elle, mam'selle Jeanne !

TOUS.

Jeanne !...

PAUL.

Elle ici, à la forge !... Oh ! qu'elle vienne !... fais-la entrer !

ANDOCHE, au fond.

Par ici, mam'selle !...

SCÈNE IV.

LES MÊMES, JEANNE.

JEANNE, à part.

Monsieur Paul !... (Haut.) Pardon... je désirerais parler à M. Caussade.

ANDOCHE.

Bien, mam'selle !

PAUL.

Un instant, Jeanne ; un mot d'abord !...

JEANNE.

A moi ?...

PAUL.

Oui... Pardonnez-moi ce que je vais vous dire... mais un odieux soupçon plane sur vous... et, pour votre honneur, il faut confondre à l'instant même cette lâche calomnie... il faut vous justifier devant tous...

JEANNE, ne comprenant pas.

Me justifier ?...

PAUL.

Est-il vrai que vous étiez, cette nuit, dans la cabane de Roussel ?...

JEANNE, à part.

Ah ! mon Dieu !... il le sait !...

PAUL.

Parlez, Jeanne, et parlez haut... Est-ce vrai ?...

JEANNE, après un silence.

Oui... c'est vrai... (Mouvement général.)

PAUL.

Vous étiez chez Roussel ?...

JEANNE.

Oui...

PAUL.

Et l'on dit que cet homme est votre amant ?

JEANNE, indignée.

Mon amant !...

PAUL.

Eh bien, justifiez-vous... je vous en supplie... Pourquoi étiez-vous chez Roussel ?... Quel motif vous y conduisait ?... Parlez !... parlez !...

JEANNE, après un combat intérieur, dominant son émotion.

Je ne puis rien dire... je ne dirai rien...

PAUL.

Ainsi, vos regrets, vos larmes, tout cela n'était que mensonge ?...

JEANNE, à part.

Oh ! mon père !...

SCÈNE V.

LES MÊMES, CAUSSADE.

CAUSSADE, entrant.

Qu'est-ce donc ?... (Voyant Jeanne.) Jeanne !... elle, ici !... Quelle audace !... Que voulez-vous ?...

JEANNE, à part.

Songeons au projet que j'ai formé. (Haut.) Je suis dans la plus affreuse misère... ayez pitié de moi, monsieur... je viens vous supplier de me donner un emploi... à la forge...

CAUSSADE.

Il n'y a pas d'ouvrage ici pour vous...

JEANNE.

Monsieur... de grâce... écoutez-moi !...

CAUSSADE.

Je ne veux rien entendre... Allons... c'est assez... hors d'ici !... qu'on la chasse !...

PAUL.

Mon père!... (Après un silence et d'une voix émue.) Si c'est à cause de moi, mon père... il est inutile de la renvoyer... vous pouvez la garder, car je ne l'aime plus... Et, la preuve, c'est que vous pouvez renouer, en mon nom, avec madame de Flavigneul.

CAUSSADE, avec joie.

Ah!...

JEANNE, à part.

Il ne me manquait plus que son abandon et son mépris!...

CAUSSADE.

Un emploi?... mais il n'y en a pas à la forge...

MARIETTE, s'avançant.

Si fait, monsieur Caussade, il y a le mien.

CAUSSADE.

Le tien, c'est vrai, je n'y songeais plus.

JEANNE, joignant les mains.

Ah! monsieur... consentez!...

CAUSSADE.

Soit!...

JEANNE, à part, avec joie.

Ah! j'ai réussi!... je reste!...

PAUL.

Vous avez raison, mon père... cette femme est indigne de moi, et je ne veux plus songer à elle.

CAUSSADE, lui serrant la main.

Bien, Paul, bien, mon fils! (Ils sortent à gauche.)

MATHIAS, aux ouvriers.

Allons, les enfants, allons nous faire beaux pour la noce.

BAUDRIER, aux gens de la noce.

Et nous, partons!...

MARIETTE, à Jeanne.

Adieu, Jeanne!...

TOUS.

Partons!... (Les ouvriers sortent à droite, la noce par le fond; Mathias accompagne les gens de la noce.)

SCÈNE VI.

JEANNE, seule d'abord, puis CLAUDE-MARIE, puis MATHIAS.

JEANNE, s'essuyant les yeux.

Il me croit coupable!... Quel regard de mépris il a jeté sur moi... Et je ne puis lui dire : « cette calomnie est infâme!... je suis innocente! » Et je ne puis le détromper sans trahir mon secret!.. Les projets qui m'ont conduite ici... dans cette forge!.. Hélas! y trouverai-je ce que je cherche... depuis si longtemps?... n'est-ce encore qu'une illusion... un rêve?... Oh!

mon Dieu, ayez pitié de moi!... (Elle se laisse tomber sur un siége. Entre Claude-Marie; il s'approche d'elle.)

CLAUDE-MARIE, avec joie.

Mam'selle Jeanne!...

JEANNE.

Claude-Marie... ici!...

CLAUDE-MARIE.

Oui... oui... Eh! eh!... (Il lui tend la main.)

JEANNE.

Pauvre Claude-Marie!... oui... nous pouvons nous serrer la main... car notre sort est pareil : tous deux nous cherchons à percer les ténèbres qui nous enveloppent, et que le soleil ne dissipera jamais!...

CLAUDE-MARIE.

Le soleil... non... froid, là-bas... dans la montagne... la neige... ici, la bonne paille!... et puis... toujours compter...

JEANNE.

Hein! que dis-tu?...

CLAUDE-MARIE.

Compter... voyez!... voyez!... (Il tire de sa poche un livre de calcul. S'agenouillant près d'elle.) Pour vous épouser!...

JEANNE, attendrie.

Ah! oui... oui... je me souviens...

MATHIAS, qui vient de rentrer, s'approchant.

Tiens!... ce livre... mais c'est le livre de compte de la forge, que nous avons tant cherché!... Comment, imbécile, c'est toi qui l'avais pris?...

CLAUDE-MARIE.

Et oui donc... c'est moi... Eh! eh!

MATHIAS.

Ça le fait rire!

JEANNE, le lui tendant après l'avoir repris des mains de Claude-Marie.

Le voici, monsieur...

MATHIAS.

Non... non... gardez-le, mon enfant... si vous n'êtes pas ferrée sur le calcul... ça pourra vous être utile à faire vos comptes... Farceur d'idiot, va!... (Il sort.)

CLAUDE-MARIE, toujours à genoux aux pieds de Jeanne, lui reprenant le livre.

Compter... oui... compter... Apprenez... apprenez... (Il prend le livre et l'ouvre.) Des chiffres... eh! eh!... 6, 9... 6, 9...

JEANNE, indifférente, sans regarder le livre.

Non... 6, 7...

CLAUDE-MARIE.

Eh bé donc... 6, 9...

JEANNE, regardant, et avec indifférence.

Comment!... Ah! oui... il manque une page à ce livre...

CLAUDE-MARIE.

Même papier... même papier... (Il fait le geste de charger un fusil et de tirer.) Pan!... Simon... mort... 7... la bourre du fusil... 7... Eh! eh! eh!... 7!...

JEANNE, lui prenant fiévreusement le livre des mains.

Ah! Providence!...

CLAUDE, riant toujours.

Eh!... eh!... 7.

JEANNE.

Mon Dieu! mon Dieu! ne me rendez pas folle de joie et d'espoir... La page 7... déchirée, et cette page, c'était... Mon Dieu!... et c'est le livre de la forge!... Et mes soupçons de cette nuit... ils étaient donc justes?... Et ce que m'a dit Roussel, dans son ivresse... Et cet ouvrier que j'ai vu... dans sa cabane... L'assassin de Simon est ici!... Non, mon Dieu!... je ne me trompe pas... car votre lumière se fait toujours... non, ce n'est point un rêve... mon cœur bat... je touche au but... la vérité... je la sens... je la vois... J'en suis bien sûre, maintenant... L'assassin de Simon est ici!... Il est à la forge, parmi les ouvriers... mais, lequel? Comment le découvrir?... Interroger... parler de ce livre... c'est mettre le coupable sur ses gardes... c'est risquer de tout perdre... Que faire, mon Dieu?... (Avec un cri.) Ah! je sais... je sais...

SCÈNE VII.

LES MÊMES, MATHIAS, LES OUVRIERS, rentrant.

MATHIAS, aux autres.

A la noce du brigadier!... En avant les entrechats et tout le tremblement!

CAUSSADE, entrant.

Demain, soyez au travail à six heures; il vient d'arriver de nouvelles commandes... Je compte sur vous...

TOUS.

Oui, monsieur Caussade...

JEANNE, s'approchant de Caussade.

Pardon, monsieur...

CAUSSADE.

Que voulez-vous?

JEANNE.

Je vous suis bien reconnaissante, monsieur, de la bonté que vous avez eue de me donner un emploi chez vous... mais, cet emploi, je ne puis plus l'accepter... Il faut que je vous quitte...

CAUSSADE.

Comment! Et pour quel motif?...

JEANNE.

J'ai à remplir un devoir qui m'appelle loin d'ici...

CAUSSADE.

Un devoir!...

JEANNE.

Oui, monsieur. (Observant la figure des ouvriers qui l'entourent.) Mon père a été acquitté; mais le soupçon a toujours plané sur lui... Et moi... moi... j'ai fait le serment de lui rendre l'honneur... Pour cela, il fallait découvrir le vrai coupable, me mettre à même de livrer son nom à la justice...

CAUSSADE, qui reste impassible.

Et ce nom... vous le connaissez?...

JEANNE, lentement.

Pas encore... mais, il n'y a qu'un instant, j'ai reçu secrètement l'avis que quelqu'un, demain, doit me le livrer.

CAUSSADE, à part.

Roussel, peut-être!...

JEANNE.

Et c'est pour me rendre à Tarbes auprès de cette personne, c'est pour achever la tâche que je me suis imposée que je veux quitter cette maison...

CAUSSADE.

Vous faites votre devoir, mademoiselle, et vous êtes libre de partir... Mais... Tarbes est à trois lieues... il est tard... vous ne pouvez vous exposer ainsi sur les grandes routes... Ne serait-ce pas compromettre le succès de votre démarche par d'inutiles dangers?...

JEANNE.

Sans doute...

CAUSSADE.

Passez donc la nuit à la forge... et demain, Jeanne, dès le point du jour, vous vous mettrez en chemin.

JEANNE.

J'allais vous en prier, monsieur...

MATHIAS.

Justement, la chambre de la Mariette vacante.

CAUSSADE.

Ah! Eh bien, Mathias, il faudra y conduire cette enfant...

MATHIAS, prenant une lumière, et entrant à droite.

Voilà, patron...

CLAUDE-MARIE, la regardant.

Jeanne... coucher... Ah! bonne paille!... bonne paille!...

JEANNE, à Caussade.

Je vous remercie, monsieur!... (A part.) Oh! si le coupable est ici, cette nuit, il viendra!...

SEPTIÈME TABLEAU

Une petite chambre à la forge : un lit, au fond, sur la gauche; de l'autre côté, une fenêtre donnant sur la cour; la porte, au fond, sur la droite.

—

SCÈNE PREMIÈRE.

JEANNE, seule, assise à une table sur laquelle est placée une lumière, et achevant d'écrire.

Je crois n'avoir rien oublié... Cette lettre, adressée au président du tribunal criminel de Tarbes, lui explique la mission que je me suis imposée... cette mission, que depuis deux mois, j'accomplis en secret... Je lui révèle ce qu'à force de recherches, de volonté, de patience, je suis parvenue à découvrir... les indices que je possède déjà, et l'épreuve décisive que je vais tenter. Si Dieu veut que je succombe, que je trouve la mort dans cette épreuve... Si mes cris ne sont pas entendus... si personne enfin n'arrive à temps pour me sauver... du moins, avant d'expirer, j'aurai signalé le coupable à la justice... Il portera sur les mains, sur le visage, les traces d'une lutte désespérée... et dans mon meurtrier, à moi, on reconnaîtra l'assassin de Simon... celui qui a commis le crime dont mon pauvre père porte encore la honte, et dont je me suis juré de me justifier !... (Après avoir relu des yeux ce qu'elle vient d'écrire.) Allons... fermons ma lettre, et joignons-la à ce livre que le hasard, ou plutôt la Providence, a fait tomber entre mes mains... (Tout en parlant, elle a mis la lettre sous enveloppe avec le livre de calcul, puis elle l'a cachetée.) Et, maintenant, songeons à ce qui me reste à faire... (Elle se lève.) Claude-Marie, le seul être à qui je pouvais me confier ici, aura-t-il retenu mes recommandations?... Viendra-t-il?... (Avec inquiétude.) S'il m'avait oubliée... s'il ne venait pas?...

LA VOIX DE CLAUDE-MARIE, en dehors, dans la cour.

Ahou!... quelles belles filles
Chez nous on peut voir...

JEANNE, avec joie, et allant ouvrir la fenêtre.

Ah! je l'entends dans la cour de la forge! (Appelant à voix basse.) Claude!... (A elle-même.) Il m'a vue... il me fait signe qu'il va monter... (Elle referme doucement la fenêtre.)

CLAUDE-MARIE, achevant sa chanson.

Avec leurs capuches rouges
Allant au lavoir...

JEANNE, pendant qu'il chante au dehors.

Hélas! me comprendra-t-il ?... Pourra-t-il accomplir ce que j'attends de lui?... Mon Dieu!... faites luire dans sa pauvre tête un rayon d'intelligence! (On entend frapper doucement à la porte.) C'est lui!... (Elle va ouvrir.)

SCÈNE II.

JEANNE, CLAUDE-MARIE.

CLAUDE-MARIE, chantant à mi-voix.

Ahou! quelles belles filles!...

JEANNE.

Tais-toi, Claude!... tais-toi!... Il faut que personne ne puisse nous entendre.

CLAUDE-MARIE, baissant la voix.

Bien... bien... je m' tais!...

JEANNE.

Écoute-moi, Claude-Marie... et sois attentif à mes paroles... Efforce-toi de les graver dans ton souvenir...

CLAUDE-MARIE.

Oui... oui... faire attention... m'en souvenir... (Touchant son front.) Là!... là!... j' comprends... j' comprends...

JEANNE.

Tu connais le chemin pour aller à Tarbes ?...

CLAUDE-MARIE.

Tarbes... là-bas... église... grandes maisons...

JEANNE.

C'est cela!... Pourrais-tu t'y rendre à la nuit, sans t'égarer ?...

CLAUDE-MARIE.

Oui... (Après avoir réfléchi, et avec conviction.) Oui...

JEANNE.

Eh bien, il faut y aller.

CLAUDE-MARIE.

Bon!... (Il va pour partir.)

JEANNE, le retenant.

Attends donc... qu'y vas-tu faire?

CLAUDE-MARIE.

Ah! j' sais pas...

JEANNE.

C'est pour que tu le saches qu'il faut que tu m'écoutes.

CLAUDE-MARIE.

Disez!...

JEANNE, lui montrant le paquet qu'elle vient de fermer.

Tu vois cette lettre ?...

CLAUDE-MARIE.

Papier!...

JEANNE.

Oui, des papiers, une lettre que tu vas porter à Tarbes...

CLAUDE-MARIE.

A Tarbes... bien !... bien !...

JEANNE.

Tu la garderas tout le long de la route dans ta besace... en prenant bien garde de la perdre !

CLAUDE-MARIE.

Oui.

JEANNE.

Et, une fois arrivé à Tarbes, au petit jour, tu la montreras à quelqu'un, au premier passant que tu rencontreras...

CLAUDE-MARIE.

Je la montrerai...

JEANNE.

En le priant de t'indiquer la maison de la personne à qui j'envoie cette lettre... (Appuyant sur ses mots.) Le président du tribunal...

CLAUDE-MARIE.

Tribunal !... tribunal !...

JEANNE, répétant.

Le président du tribunal...

CLAUDE-MARIE, de même.

Le président... du tribunal.

JEANNE.

Me comprends-tu, Claude?... me comprends-tu?...

CLAUDE-MARIE.

Oui... oui... papiers... président du tribunal !...

JEANNE, avec attendrissement.

Je ne puis m'adresser qu'à toi, Claude-Marie... tu es mon seul refuge... mon seul ami !...

CLAUDE-MARIE, mettant la main sur son cœur.

Ami... oui... ami !...

JEANNE.

Et cette lettre, cette lettre que je te confie, c'est mon bien le plus précieux, c'est tout mon espoir : c'est l'honneur de mon père !...

CLAUDE-MARIE, qui suit attentivement ses paroles.

Donnez !... donnez !... (Il tend la main pour prendre la lettre.)

JEANNE, hésitant à la lui remettre.

Songe qu'il ne faut pas qu'on te voie sortir... A cette heure-ci, la porte de la cour est fermée... comment feras-tu?

CLAUDE-MARIE.

Mur... mur... sauter... sauter !...

JEANNE.

Prends bien garde ! Si l'on t'entendait... si l'on venait à te surprendre... tout serait perdu ! Es-tu certain d'avoir assez d'adresse, assez d'intelligence pour exécuter la tâche que je te donne?

CLAUDE-MARIE, levant la main vers le ciel.

Bon Dieu !... bon Dieu !...

JEANNE, avec élan.

Dieu?... tu songes à lui?... Il se révèle à toi?...

CLAUDE-MARIE.

Vous avez dit : « Dans la peine... dans le danger... prier... prier... » (Il tire le chapelet que Jeanne lui a donné.)

JEANNE.

Oui, prions, prions, Claude-Marie!... Et s'il ne m'entend pas, il exaucera ta prière, à toi, pauvre créature déshéritée; car il a dit, dans son saint Évangile : « Bienheureux les pauvres d'esprit, le royaume du ciel est à eux! »

CLAUDE-MARIE, se mettant à genoux.

Prier... prier...

JEANNE, s'inclinant près de lui.

Mon Dieu, bénissez la mission que nous allons accomplir.

CLAUDE-MARIE, répétant.

Mon Dieu, bénissez la mission que nous allons accomplir.

JEANNE.

Vous qui lisez dans mon cœur et qui connaissez le sentiment qui l'anime, le but que je me propose, daignez répandre sur nous votre miséricorde! Seigneur, Seigneur, protégez-nous !

CLAUDE-MARIE, répétant.

Seigneur, protégez-nous!

JEANNE, après un moment.

A présent, prends cette lettre .. Pars! et que le ciel te guide et t'éclaire !

CLAUDE-MARIE.

Oui... oui... donnez... je m'en vas!... (Il prend la lettre qu'il met sous sa veste.)

JEANNE.

Tu n'as rien oublié, n'est-ce pas ?

CLAUDE-MARIE.

Non... non... rien... (Il va pour sortir.)

JEANNE, le rappelant.

Claude!...

CLAUDE-MARIE, s'arrêtant.

Eh bé! eh bé!... quoi ?...

JEANNE, à part.

Peut-être ne dois-je pas le revoir!... Peut-être est-ce la dernière fois qu'il m'est permis de le remercier, lui, mon compagnon fidèle... lui, ce cœur dévoué à mon infortune... (Tendant les bras vers lui.). Claude, mon ami, mon frère... laisse-moi t'embrasser!... (Elle lui prend la tête à deux mains et l'embrasse sur le front.)

CLAUDE-MARIE, frissonnant au contact de ce baiser.

Ah! ah! elle m'a embrassé... embrassé!... (Son visage s'illumine, ses yeux rayonnent d'une expression de bonheur et d'intelligence.)

JEANNE.

Va, va... ne perds pas de temps... pars, pars !...

CLAUDE-MARIE.

Oui... oui... Tarbes... le tribunal... le président... lui donner la lettre... et pas de bruit... pas de bruit !... Adieu !...

JEANNE.

Adieu, Claude !...

CLAUDE-MARIE, lui prenant les mains et y posant ses lèvres avec émotion.

Adieu !... adieu !... (A voix basse.) adieu !... (Il sort par le fond en marchant doucement.)

SCÈNE III.

JEANNE, seule, joignant les mains.

Et maintenant, mon Dieu, je vous recommande mon âme !... Pardonnez-moi les fautes que j'ai pu involontairement commettre pendant le cours de ma vie... de cette vie dont je suis prête à faire le sacrifice pour réhabiliter mon père... (Sa prière achevée, elle s'approche de la fenêtre, qu'elle entr'ouvre.) Je n'entends plus rien !... Toutes les lumières se sont éteintes .. tout le monde repose à la forge... hors le coupable, sans doute, qui veille et qui va venir !... (Elle souffle sa lumière.) Attendons !... (Au bout de quelques moments, un léger bruit se fait entendre sur l'escalier.) Je ne me trompe pas !... il monte, il approche... (Elle s'étend sur son lit; la porte s'ouvre doucement.) Le voici !... (Elle demeure immobile, et feint de dormir.)

SCÈNE IV.

JEANNE, sur le lit, CAUSSADE. Il avance la tête avec précaution, et écoute pendant un moment sur le seuil de la porte.

CAUSSADE.

Elle doit dormir... approchons... (Il entre dans la chambre, qui est plongée dans une obscurité complète, et cherche le lit à tâtons, en évitant de faire du bruit.) Ces indices dont elle m'a parlé... cette révélation qu'on doit lui faie... demain, j'étais perdu !...

JEANNE, à part, mais sans faire aucun mouvement.

Il vient à moi !...

CAUSSADE, à part, s'approchant du lit et écoutant.

Rien !... que le bruit de sa respiration. Elle dort... Allons, ma sûreté l'exige... (Il tire un couteau.) N'hésitons pas !... (Il lève son arme pour frapper; mais, au même moment, Jeanne, qui a suivi, ou plutôt deviné tous ses mouvements, se dresse tout à coup, et s'échappe.)

JEANNE, criant.

Ah !...

CAUSSADE, à part.

Grand Dieu !

JEANNE.

Au secours !... au secours !...

CAUSSADE, à part.

Ses cris vont être entendus... il faut en finir !... (Il cherche à la saisir, la prend enfin et lève le couteau pour la frapper. Jeanne rassemble toutes ses forces et pousse un cri déchirant.)

JEANNE.

Ah !... A moi !... à moi !... (A ce cri, la porte s'ouvre avec fracas et Paul s'élance dans la chambre.)

SCÈNE V.

LES MÊMES, PAUL, puis ANDOCHE.

CAUSSADE, à part.

Quelqu'un !...

PAUL, entrant précipitamment.

Ces cris !... qu'est-ce donc ?... C'est la voix de Jeanne !...

JEANNE.

Monsieur Paul !...

CAUSSADE, à part, avec terreur.

Paul !... lui !...

JEANNE.

Ah !... défendez-moi !... sauvez-moi !... on veut me tuer !...

PAUL.

O ciel !... (Il s'élance entre Jeanne et Caussade, qu'il saisit à la gorge.) Misérable ! tu ne m'échapperas pas !... (Appelant.) A nous !... à nous... mes amis !...

JEANNE.

Ah !... nous allons donc enfin le connaître... l'assassin de Simon !...

PAUL.

L'assassin de Simon !... (Caussade a gardé le silence, cherchant à se dégager. Enfin il y parvient, il va fuir ; mais, en ce moment, Andoche accourt avec une lumière. Caussade s'arrête.)

ANDOCHE.

Me v'là !... me v'là !... (Il entre. La chambre s'éclaire.)

PAUL, voyant Caussade.

Ah !

JEANNE, avec stupéfaction.

Son père !...

ANDOCHE.

Le patron et M. Paul !... Quoi qu'y a donc ?

CAUSSADE, qui a cherché à se remettre.

Rien... nous avions entendu crier... et nous étions accourus près de cette jeune fille pour savoir la cause de son effroi.

ANDOCHE, à Jeanne.

Ah bah !... Mam'selle, vous avez eu peur ?...

JEANNE, très-troublée.

Oui... oui...

ANDOCHE.

Et à cause donc?

CAUSSADE.

C'est bien... en voilà assez !... Laisse-nous...

ANDOCHE, à part.

C'est drôle !... (Il va pour sortir; mais, au même instant, on entend un grand bruit, et bientôt on voit paraître Claude-Marie, amené par Mathias et les autres ouvriers.)

SCÈNE VI.

LES MÊMES, CLAUDE-MARIE, MATHIAS, OUVRIERS, puis BAUDRIER.

CLAUDE-MARIE, se débattant au milieu des ouvriers qui le retiennent.

Laissez-moi !... laissez-moi !...

MATHIAS.

Avanceras-tu ?...

CLAUDE-MARIE.

Non... non !... Partir... partir !...

JEANNE.

Claude-Marie !...

MATHIAS.

Lui-même... qu'en rentrant de la noce à la Mariette, nous venons de trouver s'enfuyant par-dessus le mur... comme un voleur.

CAUSSADE.

Que signifie ?...

ANDOCHE.

Peut-êt' ben qu'il a encore pris quéqu' chose à la forge...

MATHIAS.

Faut le fouiller...

JEANNE, à part.

Ah ! ciel !...

CLAUDE-MARIE, mettant les deux mains sur son sac.

Me fouiller ?... Non... non... j' veux pas... j' veux pas... (Il prend une attitude menaçante et terrible.)

MATHIAS.

Ah çà !... mais il devient enragé !...

ANDOCHE.

Preuve qu'il a quéqu' chose.

LES OUVRIERS.

Fouillons-le !... (Ils s'avancent vers Claude-Marie.)

CLAUDE-MARIE, se débattant.

Non, non !...

JEANNE.

Arrêtez !... ne lui faites pas de mal !

MATHIAS, qui est parvenu, malgré la défense de Claude-Marie, à fouiller sous sa veste.

Une lettre !...

TOUS, excepté Jeanne.

Une lettre !...

CLAUDE-MARIE, voulant s'élancer pour la reprendre.

Papiers... papiers !... (On le retient.)

MATHIAS, qui a regardé la suscription.

Pour M. le président du tribunal de Tarbes.

CAUSSADE, à part.

Qu'entends-je !... (Il regarde Jeanne qui se trouble.)

CLAUDE-MARIE, voulant toujours prendre ses papiers.

Lettre... lettre !...

CAUSSADE, à Mathias.

Donne ! (Il le prend.)

CLAUDE-MARIE.

Non... non !...

CAUSSADE.

Allons, chassez ce drôle !... (On entraîne Claude-Marie. Baudrier, qui depuis un instant a paru au fond, s'avance.)

BAUDRIER, à Caussade qui va pour mettre la lettre dans sa poche.

Pardon... monsieur... une lettre pour M. le président du tribunal... c'est de ma compétence... et je me charge de la lui remettre. (Il prend la lettre. — Mouvement de Jeanne et de Caussade.)

CAUSSADE, à part, regardant Paul et Jeanne.

Elle l'aime, elle se taira !

ACTE CINQUIÈME

HUITIÈME TABLEAU

La place du marché, à Tarbes, sur les bords du Gave : à gauche, le porche de l'église ; à droite, au premier plan, une petite boutique de débitante de tabac, sur laquelle est écrit : MADAME BAUDRIER, MARCHANDE DE TABAC. — Du même côté, au deuxième plan, une maison de belle apparence, à laquelle on monte par quelques marches ; au fond, la perspective de la vallée de Tarbes.

SCÈNE PREMIÈRE.

MARCHANDS et MARCHANDES, MADAME DE FLAVIGNEUL, NOÉMI.

(Au lever du rideau, le théâtre représente l'aspect animé d'un marché. — Des marchands ayant à terre leur étalage crient leurs denrées ; des acheteurs circulent. — Les cloches de l'église sont en mouvement.)

PREMIÈRE MARCHANDE.

Achetez mes belles aubergines !...

DEUXIÈME MARCHANDE.

Demandez les pastèques !... les limons !...

TROISIÈME MARCHANDE.

Les belles truites de l'Adour !... Voyez !... voyez !... (En ce moment on voit paraître madame de Flavigneul et Noémi. Madame de Flavigneul est pâle et semble abattue.)

NOÉMI.

Venez, chère tante.... l'office va commencer... allons prier...

MADAME DE FLAVIGNEUL.

Oui, la prière me donnera du courage. Il y a aujourd'hui vingt-deux ans que mon fils m'a été ravi... Depuis si longtemps mon cœur a perdu l'espérance... mais j'ai voulu, du moins, perpétuer le souvenir de ce funeste événement... Et, chaque année, mon Dieu, je viens m'agenouiller dans votre temple et vous dire : « Donnez le bonheur à mon fils, s'il existe... et, s'il n'est plus, donnez à son âme le repos éternel !... »

NOÉMI, à part.

Pauvre mère !... elle n'oubliera jamais !... (Les deux femmes entrent à l'église. Presque au même instant on voit arriver Caussade par la gauche. Il regarde sur la place et semble chercher quelqu'un. Derrière lui, entre Claude-Marie, qui ne le quitte pas du regard et le suit comme un chien, marchant quand il marche, s'arrêtant quand il s'arrête.)

SCENE II.

MARCHANDS, ACHETEURS, CAUSSADE, CLAUDE-MARIE.

CAUSSADE, à lui-même.

C'est ici, sur cette place, que Roussel m'a donné rendez-vous... Je ne le vois pas encore... Oh! il tiendra sa promesse, il ne tardera pas à venir, sans doute... Attendons... J'ai hâte d'anéantir cet écrit... cette preuve qui pourrait me perdre... (Il fait quelques pas avec agitation. Claude-Marie, qui semblait épier ses mouvements, se remet à marcher.) Encore cet idiot!... C'est étrange!... Depuis ce matin, il s'attache à mes pas... (Haut, à Claude-Marie.) Que veux-tu?... une aumône? (Il jette une pièce de monnaie à terre.) Tiens!... prends... va-t'en!...

CLAUDE-MARIE, après avoir regardé l'argent, et sans le ramasser.

Lettre!... papier!...

CAUSSADE, avec colère.

Allons, va-t'en!... laisse-moi!... (Il s'éloigne, Claude-Marie se remet à le suivre.)

PREMIER MARCHAND.

Allons, mesdames... le marché va finir... achetez mes dernières aubergines!

TROISIÈME MARCHAND.

Truites et brochets!... Demandez!... (Caussade reparaît par le troisième plan, à droite. Claude-Marie le suit toujours.)

CAUSSADE, s'arrêtant.

Ah çà! me laisseras-tu, enfin?... Je t'ai défendu de me suivre!...

CLAUDE-MARIE.

Le papier... la lettre... pour le président... du tribunal...

CAUSSADE, tressaillant.

Le président!...

CLAUDE-MARIE.

C'est moi... qu'a sauté... par-dessus le mur...

CAUSSADE.

Encore une fois, laisse-moi... laisse-moi!... (Il sort par le premier plan.)

CLAUDE-MARIE, le suivant.

Papier!... lettre!... lettre!... (Il disparaît à sa suite.)

SCÈNE III.

MARCHANDS et ACHETEURS, BAUDRIER, puis MARIETTE.

BAUDRIER, paraissant sur la porte de la maison du président.

Suffit!... Je m'y transporte spontanément et instantanément...

MARIETTE, sortant du bureau de tabac.

Et où donc ça, monsieur Baudrier?...

BAUDRIER.

Où le devoir m'appelle, ma colombe...

MARIETTE, très-câline.

Comment, Placide, un lendemain de noce, vous avez des secrets pour moi?...

BAUDRIER.

La femme étant un être d'une curiosité blâmable et intempestive, se métier! Donc et d'une, comme époux, je suis votre esclave; comme brigadier... psst! (Il fait un geste énergique.)

MARIETTE.

Me quitter encore... et sans me dire pourquoi!...

BAUDRIER.

La consigne l'ordonne.

MARIETTE.

Mais, enfin...

BAUDRIER, énergiquement.

Silence, madame Baudrier!...

MARIETTE, radoucie subitement.

Oui, mon ami... (A part.) Ne le contrarions pas... il est si bel homme!...

BAUDRIER.

Tant que j'ai été votre soupirant, j'ai filé doux... à vos pieds... comme le brigadier Hercule...

MARIETTE.

Hercule?...

BAUDRIER.

Un gendarme de l'antiquité!... Mais nous sommes mariés, je ne file plus...

MARIETTE.

Pourtant...

BAUDRIER.

Silence, madame Baudrier!

MARIETTE, très-soumise.

Oui... oui, mon ami!...

BAUDRIER.

N'oubliez pas que votre devoir est de me rendre heureux et de servir la pratique... Les consommateurs vous réclament... à la boutique, madame Baudrier!...

MARIETTE.

Oui, mon ami... (A part.) Ah! qu'il est donc bel homme!... (Elle rentre dans le débit de tabac.)

SCÈNE IV.

BAUDRIER, puis JEANNE.

BAUDRIER.

Je dis qu'il faut être carré avec les femmes!... et que, dans un ménage, c'est le mari qui doit porter les bottes... Et allez donc!...

JEANNE, entrant, très-agitée.

Ah! m'y voici!

BAUDRIER.

Mam'selle Jeanne!... Tiens!... justement, j'allais vous chercher...

JEANNE.

Moi?...

BAUDRIER, montrant la maison de gauche.

M. le président du tribunal (Il se découvre.) a pris connaissance de la lettre que je lui ai remise, ainsi que me l'enjoignait mon devoir de brigadier.

JEANNE, avec émotion.

Ah! oui... ma lettre...

BAUDRIER.

Et il m'a donné l'ordre de vous faire comparaître devant lui... Puisque vous voilà, ma commission est faite... et je rentre chez moi pour en griller une! (Remarquant le trouble de Jeanne.) Allons, remettez-vous... n'ayez pas peur! Je ne pense pas qu'il vous veuille du mal... (A part.) Pauvre fille, va!... (Sur le seuil de la boutique.) Madame Baudrier, du tabac... et vivement!... (A part.) Faut être carré avec les femmes!... (Il entre dans la boutique.)

SCÈNE V.

JEANNE, puis PAUL.

JEANNE, seule.

Il m'attend... il veut me parler... Allons, n'hésitons pas! J'ai envoyé Andoche à notre pauvre demeure, pour chercher mon père... Dans quelques instants il sera ici, à Tarbes... Car c'est devant tous, dans cette ville témoin de son humiliation, de sa honte, qu'il doit être réhabilité... Mais à quel prix, mon Dieu!... N'importe! j'aurai le courage de faire mon devoir... et, mon devoir, c'est de livrer le nom du coupable!... (Elle va pour monter à la maison de droite. En cet instant on entend la voix de Paul.)

PAUL, en dehors.

Jeanne!... Jeanne!...

JEANNE, s'arrêtant.

O ciel!...

PAUL, accourant.

Arrêtez!... Jeanne, arrêtez!...

JEANNE, à part.

Paul!... lui!... Oh! mon Dieu!...

PAUL, dans le plus grand trouble.

Où allez-vous, Jeanne?

JEANNE, très-émue.

Moi?... Mais...

PAUL.

Oh! j'ai tout compris!... Vous allez dénoncer mon père!..

JEANNE.

Le mien est innocent, et le mépris pèse sur lui!... (Elle fait un mouvement vers la porte.)

PAUL.

Jeanne, un mot!... Par pitié, par grâce, épargnez l'homme dont je porte le nom!... Souvenez-vous, Jeanne, que, dans votre abaissement, lorsque tout le monde s'éloignait de vous, moi seul, je vous ai tendu la main en vous offrant d'être ma femme...

JEANNE, à part, avec émotion.

C'est vrai... mon Dieu!... c'est vrai!...

PAUL.

Eh bien, à votre tour, ayez pitié de moi!... Je braverais la mort; mais j'ai peur de la honte, de la flétrissure!...

JEANNE.

Mais c'est l'honneur de mon père que je vais défendre!

PAUL.

Mais c'est mon père que vous envoyez à l'échafaud!

JEANNE, à part, se tordant les mains.

Oh! que faire?... A quoi me résoudre?...

PAUL.

Écoute : nous partirons, toi, ton père et moi... Nous irons habiter quelque retraite ignorée... Je travaillerai pour vous deux avec fierté, avec courage! Oui, le travail de mes nuits et de mes jours, mon cœur, ma jeunesse, ma vie, tout sera à toi, Jeanne, à toi, ma compagne bien-aimée!...

JEANNE, chancelante.

Mon Dieu!... mon Dieu!...

PAUL, lui prenant les mains et les pressant dans les siennes.

Ah! tu es émue... tu pleures... tu ne parleras pas, Jeanne! tu ne parleras pas!...

JEANNE, à part.

Oh! mon courage m'abandonne!... ma résolution chancelle!... (On entend au dehors une grande rumeur. Paul et Jeanne se regardent étonnés.)

PAUL.

Pourquoi ce bruit, cette rumeur?...

CRIS, au dehors.

Mort à l'assassin!... mort à l'assassin !...

JEANNE, avec effroi.

O ciel !... ces cris ?...

SCÈNE VI.

LES MÊMES, ANDOCHE, puis PUJOL, ensuite BAUDRIER.

ANDOCHE, accourant.

Ah ! mam'selle Jeanne !...

JEANNE.

Eh bien... mon père ?...

ANDOCHE.

Votre père!... Ah!... si vous saviez !...

PUJOL, se précipitant en scène; il a le front sanglant.

Sauvez-moi! sauvez-moi!...

JEANNE, se jetant dans ses bras.

Mon père !...

ANDOCHE.

Ah ! les brigands !... Si j'étais le plus fort !...

JEANNE.

Blessé !... Vous êtes blessé ?...

PAUL.

Qu'est-il donc arrivé ?...

JEANNE.

Ah ! parlez !... parlez !...

ANDOCHE.

J'avais été querir M. Pujol, comme vous me l'aviez ordonné, mam'selle...

PUJOL.

Mais, en entrant dans la ville, j'ai été reconnu, entouré. « C'est Pujol l'assassin ! » s'est-on écrié... Alors, la foule s'est jetée sur moi... une pierre m'a atteint au visage... et ce n'est que par la fuite que je me suis dérobé à leurs menaces, à leurs insultes... à la mort peut-être...

JEANNE, le serrant dans ses bras.

Mon père !... mon pauvre père !

BAUDRIER, qui vient d'entrer.

Un attroupement !... une rixe !... (Il va regarder au fond.)

JEANNE.

Et j'hésitais... Je pourrais hésiter encore !...

PAUL.

Jeanne, je ne vous prie plus... Faites votre devoir !... Adieu !... (Il sort rapidement.)

JEANNE, relevant la tête.

Mon devoir !.,. Oui, c'est Dieu lui-même qui me le trace !... Venez, mon père, venez !... (Elle entraîne Pujol et entre dans la maison à droite, avec lui et Andoche.)

BAUDRIER, qui s'est rapproché.

Et moi, suivons-les pour faire mon rapport... (Il sort derrière eux. — En ce moment, on voit reparaître Caussade, toujours suivi par Claude-Marie.)

SCÈNE VII.

CAUSSADE, CLAUDE-MARIE, puis ROUSSEL.

CAUSSADE, se retournant, et à Claude-Marie.

Pour la dernière fois, me laisseras-tu ?...

CLAUDE-MARIE, sans s'émouvoir.

Le papier !... la lettre !...

CAUSSADE, exaspéré.

Misérable... va-t'en !... ou sinon... (Il lève sa canne pour frapper Claude-Marie.)

ROUSSEL, entrant et l'arrêtant.

Eh bien, eh bien, monsieur Caussade... y songez-vous ?... frapper un idiot !...

CAUSSADE.

Il s'attache à moi... Je ne puis le chasser...

ROUSSEL.

Bah !... que vous importe ?... Il n'est pas dangereux !... Et tenez, voyez plutôt... le voilà qui mange tranquillement dans un coin. (Claude-Marie s'est assis par terre, tire son pain et une pomme, et se met à manger.)

CLAUDE-MARIE.

Pomme... pour manger...

CAUSSADE, après avoir regardé autour de lui.

Allons... terminons vite !... Cet écrit, donne-le-moi...

ROUSSEL.

Un instant, ne nous pressons pas.

CAUSSADE.

Comment ?...

ROUSSEL.

Depuis quarante-huit heures, j'ai réfléchi... Vingt mille francs, là, franchement, ça n'est pas payé !... Les terrains sont si chers !...

CAUSSADE, après avoir réprimé un mouvement de colère.

Ah ! je comprends... tu veux me rançonner !...

ROUSSEL.

Dame !... écoutez donc... un écrit de cette valeur... « Le 5 juillet 1836... A huit heures du soir... »

CAUSSADE.

Tais-toi!...

ROUSSEL.

Rien que cette date-là, ça vaut bien dix mille francs de plus... Faut être serré dans le commerce...

CAUSSADE.

Finissons!...

ROUSSEL.

Et le reste donc!... « Monsieur Caussade m'avait dit, à moi Simon... »

CLAUDE-MARIE, attentif.

Simon! Simon!...

ROUSSEL, continuant.

« Tout le monde ignore la mort de mon enfant... cette mort, c'est ma ruine... mais à l'âge de trois mois tous les enfants se ressemblent... »

CAUSSADE, avec terreur et voulant l'interrompre.

Assez!... assez!...

ROUSSEL, continuant.

« Et c'est l'âge du nourrisson de Madeleine Verbier...

CLAUDE-MARIE, tressaillant.

Madeleine... Verbier!...

ROUSSEL.

Ça vaut bien encore dix mille francs, cette phrase-là, monsieur Caussade!

CLAUDE-MARIE, se levant et avec agitation.

Madeleine!... Madeleine Verbier!... Oui, oui... là-bas... au Pic-d'Enfer... Le petit... il dormait... et moi... moi... je jouais... aux billes... aux billes... (Il fait le geste de rouler des billes.)

CAUSSADE, effrayé et bas à Roussel.

Il nous écoute... il se souvient...

CLAUDE-MARIE, de plus en plus agité.

Alors... l'homme est venu... (Criant.) A moi... mère!... à moi!...

CAUSSADE, à Roussel.

Veux-tu donc me perdre?... Cet écrit?... cet écrit?...

ROUSSEL.

Contre quarante mille francs, pas un liard de moins... décidez-vous!...

CAUSSADE.

Soit!... (Écrivant sur son calepin.) Voici un bon de cette somme que tu toucheras chez mon notaire...

CLAUDE-MARIE, portant la main à son cou.

L'homme!... l'homme!... (Avec un cri de douleur.) Ah!...

CAUSSADE, à Roussel.

Allons, donne-moi ce papier...

ROUSSEL.

Passez-moi le vôtre!... Donnant, donnant...

CAUSSADE.

Eh bien, soit!

ROUSSEL.

A la bonne heure!... (Ils se tendent chacun leur papier; mais Claude-Marie s'empare de celui que tient Roussel.)

CLAUDE-MARIE.

Papier!... papier!...

CAUSSADE.

Malédiction!...

ROUSSEL, à Claude-Marie.

Eh, dis donc, toi, l'idiot, pas de bêtises!... Rends-moi ça!

CLAUDE-MARIE, lui échappant et serrant le papier contre sa poitrine.

Non... non... à moi... papier!...

CAUSSADE.

Malheureux! je te forcerai bien!.. (Il se jette sur lui et le saisit à la gorge.)

CLAUDE-MARIE, criant et se défendant.

Ah! ah! l'homme!... A moi!... à moi!...

SCÈNE VIII.

LES MÊMES, BAUDRIER, MARIETTE, PUJOL, JEANNE, MARCHANDS et MARCHANDES, OUVRIERS, HABITANTS DE TARBES, puis PAUL.

BAUDRIER, sortant de la maison de droite avec deux gendarmes.

Eh bien, quoi donc?

CAUSSADE, s'arrêtant et à part.

Grand Dieu!

ROUSSEL, à part.

Le brigadier!...

BAUDRIER, s'avançant.

Je vous rencontre à propos, monsieur Caussade.

CAUSSADE, troublé.

Moi?...

BAUDRIER.

De par la loi et la justice, ordre de vous conduire devant le président du tribunal.

MARIETTE, qui vient de sortir de sa boutique.

Lui... M. Caussade?...

BAUDRIER.

Lui-même!

ROUSSEL, à part.

Ça se gâte!...

CAUSSADE, reprenant de l'assurance.

Comment?... Et pourquoi?...

JEANNE, qui vient de paraître avec Pujol sur le perron de la maison de droite.

Parce que la vérité est enfin connue...

TOUS.

Jeanne !...

JEANNE.

Parce que mon père, faussement accusé, peut désormais porter la tête haute... Parce qu'enfin le véritable coupable, le meurtrier de Simon, le voilà!... (Elle montre Caussade.)

TOUS.

M. Caussade !...

CAUSSADE.

Moi... on oserait m'accuser ?

BAUDRIER.

Messieurs les jurés apprécieront.

CAUSSADE.

M'accuser?... Et sur quel indice ? sur quelle preuve ?...

CLAUDE-MARIE, courant à Jeanne.

Papier !... papier !...

JEANNE, à Claude-Marie.

Que dis-tu ?...

CLAUDE-MARIE.

Papier !... pour le président !...

JEANNE, prenant le papier et y jetant les yeux.

Qu'ai-je vu !... (A Caussade.) Vous demandez des preuves ? Eh bien, en voilà une. Cet écrit démontre l'intérêt que vous aviez à commettre le crime... (Donnant le papier à Baudrier.) Tenez... lisez !... lisez !...

CAUSSADE, à part.

Je suis perdu !...

ROUSSEL, à part.

Adieu mon argent !...

BAUDRIER.

Jacques Caussade, il faut me suivre.

MARIETTE.

Et tiens-le bien, Placide !

CAUSSADE, à qui Baudrier fait un signe.

Marchons !... (Baudrier et les deux gendarmes entrent avec Caussade dans la maison de droite.)

PAUL, qui depuis un instant a paru et s'est tenu à l'écart, à Jeanne.

Je ne vous reproche rien, Jeanne ; mais le déshonneur, la honte... Je ne les attendrai pas... je pars... je me ferai tuer...

JEANNE.

Arrêtez !... Grâce au ciel, vous n'avez pas à rougir de votre naissance...

PAUL.

Comment !... Que signifie ?...

ROUSSEL.

Parbleu !... ça signifie que Caussade n'est pas votre père.

PAUL.

Grand Dieu !... que dites-vous ?...

JEANNE.

Je dis que Dieu est juste et bon... et que sa main est pleine de miracles. — A l'innocent, il rend l'honneur et l'estime de tous... A l'enfant enlevé, il rend une famille... une mère...

PAUL.

Une mère !... J'aurais une mère ?... (Depuis un instant, l'orgue de l'église, annonçant l'élévation, s'est mise à jouer. Les paysannes s'agenouillent; les hommes se découvrent et s'inclinent.)

JEANNE.

Une mère qui vous pleure... et qui depuis plus de vingt ans n'a cessé de prier le ciel de vous rendre à son amour...

PAUL.

Et qui donc ?... qui donc ?...

ROUSSEL, bas.

Madame de Flavigneul, M. le comte !

JEANNE, montrant l'intérieur de l'église.

Regardez !...

PAUL.

Elle !... ma... (Il va pour s'élancer.)

JEANNE, l'arrêtant.

Silence !... Après tant d'années de douleur, une joie subite pourrait la tuer...

PAUL, bas.

Oui, oui, je te comprends !...

JEANNE.

Il faut la préparer à un si grand bonheur...

PAUL, bas.

Ah ! Pujol... la première grâce que je solliciterai d'elle, ce sera son consentement à notre union !...

CLAUDE-MARIE, regardant Jeanne, et gaiement.

Quand je saurai lire et compter, elle m'épousera !..

FIN.

LAGNY. — Typographie de A. VARIGAULT et Cie.

www.ingramcontent.com/pod-product-compliance
Ingram Content Group UK Ltd.
Pitfield, Milton Keynes, MK11 3LW, UK
UKHW020928180726
13838UKWH00002B/814